Jonas Cramby

CHINA
vegetarisch

65 authentische Lieblingsgerichte
von Shanghai bis Chinatown NY

CHRISTIAN

Inhalt

Zur Verwendung dieses Buches

Dieses Buch soll als eine Art System dienen, wie Sie einfach chinesisches Essen zubereiten können – wenn nicht jeden Tag, dann zumindest, sobald Sie Lust darauf haben. Die chinesische Küche verwendet diverse Basisaromen, und wenn Sie Ihren Vorratsschrank mit einigen gekauften und selbst gemachten Würzmitteln füllen, können Sie jederzeit ein paar Potstickers zum Mittagessen braten oder ein schnelles Abendessen mit den Zutaten improvisieren, die Sie gerade zu Hause haben.

Ich habe versucht, Rezepte für die meisten Gelegenheiten des Lebens mit einzubeziehen. Von schnellen Alltagsgerichten über Festessen fürs Wochenende bis hin zu ein paar avancierteren Projekten.

Jedenfalls soll ein fleischloser Montag oder ein veganer Lebensstil kein Hindernis sein, um eine Schüssel Dan-Dan-Nudeln oder eine Pekingente (auf Tofubasis) genießen zu können.

Irgendwo
in der Provinz Shaanxi

Vorwort: Eine Hommage an die Welt des chinesischen Essens

IN MEINER JUGEND TRÄUMTE ICH DAVON, jeden Tag chinesisches Essen zu genießen.

In der ansonsten kulinarisch gesehen ziemlich grauen Zeit meines Aufwachsens zwischen belegten Broten und Mandeldorsch fühlte es sich an, als sähe man für kurze Zeit den Rest der Welt aufblitzen, wenn meine Mutter mich mit ins nahe gelegene Restaurant Canton nahm. Die Einrichtung dort sah aus wie die Kulisse eines Bruce Lee-Films, und das Essen war genauso aufregend futuristisch wie in *Blade Runner*. Bald hatte ich ständig Lust auf chinesisches Essen. Es war immer die erste Art von Essen, die mir einfiel, wenn jemand fragte »Was wollen wir heute essen?«, und wenn ich in eine neue schwedische Stadt kam, suchte ich immer zuallererst das örtliche Chinarestaurant auf.

Aber wie sehr ich chinesisches Essen liebte, es war damals nur eine einzige Küche für mich, eine Handvoll Gerichte auf einer laminierten Speisekarte in einem weichen Einband aus Kunstleder.

Bald fand ich jedoch heraus, dass es überall, wo ich auf der Welt hinkam, eine eigene Version von chinesischem Essen gab. Auf den Take-away-Speisekarten in New York war das Chinaessen genauso leicht zugänglich wie in meiner Heimat, aber es hatte mehr popkulturelle Assoziationen und einen amerikanischeren Twist. In den unterschiedlichen Chinatowns der Stadt erwies sich das Essen als schärfer, wilder, variierter, und ich begann die Konturen einer noch größeren chinesischen Essenswelt da draußen zu erahnen. In New Orleans aß ich Yaka Mein – ein kreolisches Nudelgericht, das von der historischen Beziehung zwischen chinesischen Einwanderern und freigelassenen Sklaven zeugte – während ich in Mexikos Grenzstädten wundersame chinesische Dumplings aus Maisteig, Jalapeños und einem Spritzer Limette entdeckte. Ein Gericht, das nicht nur die Definition von Fusion an sich war, sondern auch ein Rest des Chinese Exclusion Act, eines rassistischen amerikanischen Gesetzes, das im 19. Jahrhundert die Chinesen aus den USA nach Mexiko vertrieb.

Ich lernte meine Lebensgefährtin mit Wurzeln aus China, Korea und Japan kennen, und sie führte mich in die ostasiatische Küche ein. Wir aßen nicht nur in Peking, Shanghai, Chengdu und Xian authentisches chinesisches Essen, sondern auch in Tokio japanische Gyoza und Ramen – die sich jedoch als japanische Varianten der chinesischen Gerichte Jiaozi und Lamien herausstellten. In Korea schlürfte ich Jajangmyeon, die koreanische Version des chinesischen Nudelgerichts Zha Jiang Mien,

und aß Udong – das trotz seines chinesischen Ursprungs aufgrund der japanischen Invasion in Korea Anfang des 20. Jahrhunderts einen japanischen Namen hat.

Ich fand heraus, dass chinesisches Essen ein bisschen wie Blues ist. Es zeugt von Unterdrückung und Leiden, aber auch von Freude und Fest, hat sich langsam über die Welt verbreitet und mit der Zeit fast alles verändert. Blickt man in der Geschichte des Essens zurück, sieht man, dass die Chinesen die ersten waren, die Gemüse säuerten, Schinken lufttrockneten, Schnaps destillierten, Nudeln herstellten, Bohnen fermentierten, Eis zubereiteten und Reis, Tee und Marihuana kultivierten.

Trotz alledem gibt es wenige Esskulturen, die mit so vielen Vorurteilen belegt sind wie die chinesische. Für viele ist chinesisches Essen nur fettiges, billiges Fast Food, der Name selbst hat daher in ihren Augen schon einen negativen Anklang.

Andere verbinden die chinesische Esskultur mit schmutzigen Tiermärkten, auf denen die Lokalbevölkerung vor dunklen Käfigen, in denen ein neues scheußliches Virus hin und her tigert, Fledermäuse am Stiel isst. Wieder andere können die Liebe zu Nudeln nicht von dem diktatorischen Regime des Landes trennen, oder versuchen im Gegenteil eine fixierte »authentische« Version des chinesischen Essens auf einen Sockel in ein Museum zu stellen.

Die Wahrheit ist jedoch, dass diese bereits enorm große, unfassbar variationsreiche Küche jeden Tag mutiert und sich die ganze Zeit weiter verzweigt, wie sie will. Denn wenn man an der Oberfläche kratzt, bemerkt man bald, dass es gar keine völlig authentische Küche gibt. Alles Essen ist Fusion. Und ebenso wie alle anderen Esskulturen der Welt vermischen sich die verschiedenen chinesischen Küchen ständig miteinander, werden modernisiert und nehmen hier und da Einflüsse auf, die im Grunde genommen absolut alles verändern – wie als die Chili im 18. Jahrhundert nach China kam oder 1962 das MNG.

Dieses Buch stellt daher kein tiefes Eintauchen in eine der regionalen chinesischen Esskulturen dar, sondern eher das Gegenteil, eine Hommage an die enorme, wimmelnde, ständig veränderliche Welt des chinesischen Essens.

Es soll meinen Kindheitstraum erfüllen, jeden Tag chinesisch essen zu können, und eine Erinnerung daran sein, dass nichts für die Ewigkeit ist, dass alles sich verändert und all die Grenzen, die wir die ganze Zeit beharrlich zwischen den Menschen ziehen, eigentlich gar nicht existieren.

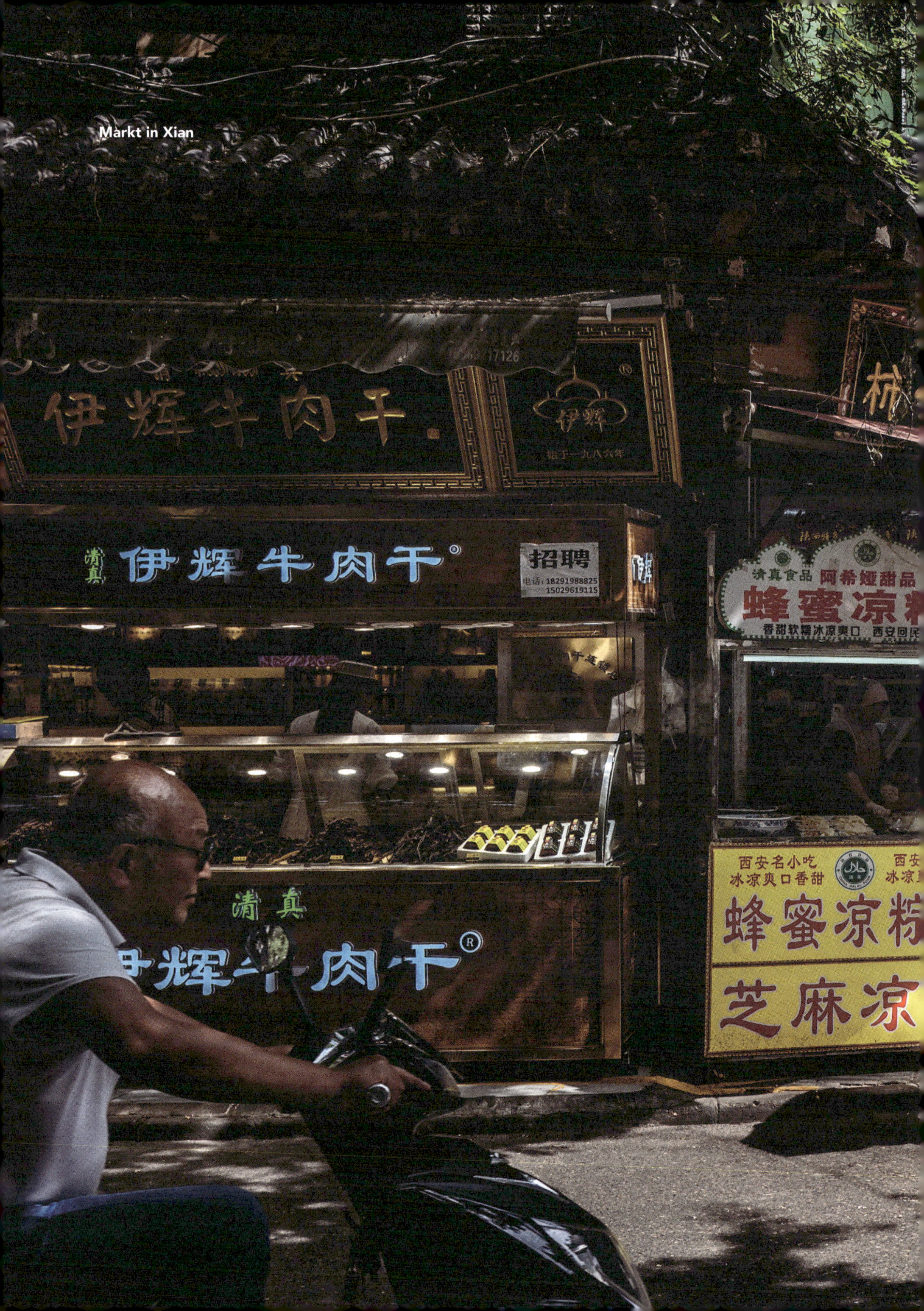

伊辉牛肉干

伊辉

始于一九八六年

清真 伊辉牛肉干®

招聘
电话:18291988825
15029619115

清真食品 阿希娅甜品
蜂蜜凉粉
香甜软糯冰凉爽口 西安回民

清真

伊辉牛肉干®

西安名小吃
冰凉爽口香甜

西安
冰凉

蜂蜜凉粉

芝麻凉

Jianbing zum Frühstück

VORRAT

Alles, was man einkaufen, zubereiten und immer im Kühlschrank haben muss, um jeden Tag chinesisch essen zu können.

DIP FÜR DUMPLINGS

KRÄUTERESSIG

SÜSSE SOJASAUCE

CHILIÖL

CHILICRISP

SESAMSAUCE

7 selbst gemachte Würzmittel

Chiliöl

Es ist nicht mehr als recht und billig, dass das erste Rezept in diesem Buch auch das wichtigste ist. Man darf die Bedeutung des Chiliöls für die chinesische Küche nämlich keinesfalls unterschätzen. Fakt ist, dass Chiliöl eine so grundlegende Zutat, ein so wichtiges Würzmittel ist, und es so viele regionale Varianten davon gibt, dass es mir schwerfiel, zu entscheiden, welche Version ich in dieses Buch aufnehmen sollte. Die Variante, die ich schließlich ausgesucht habe, könnte man als eine Art Basis-Chiliöl beschreiben. Es passt zu Dan-Dan-Nudeln und gebratenem Tofu, es peppt Dumplings auf, kann auf Frühstückseier und Salate gelöffelt werden und macht mystische, dekadente Dinge mit Ihrem chinesischen Take-away-Essen. Es gehört zu den Dingen, die nicht besonders schwer selbst zu machen sind, aber so viel leckerer werden als gekaufte, und ohne die Sie sicher schon bald nicht mehr leben können.

1 Glas

1 rote Zwiebel
3 Frühlingszwiebeln
8 Knoblauchzehen
5 cm Ingwer
500 ml kalt gepresstes Rapsöl
2 Sternanis
2 schwarze Kardamomkapseln
1 Zimtstange
2 Lorbeerblätter
60 g szechuanische Chiliflakes
1 TL Salz
1 TL MNG

ZUBEREITUNG

… Rote Zwiebel, Frühlingszwiebeln, Knoblauch und Ingwer schälen und grob hacken.

… Rapsöl bis kurz vor dem Rauchpunkt erhitzen, maximal 175 °C.

… Sternanis, Kardamom, Zimt und Lorbeerblätter in das Öl geben.

… 15 Minuten sanft erhitzen, sodass das Öl Geschmack annimmt.

… Rote Zwiebel, Frühlingszwiebeln, Knoblauch und Ingwer zufügen. Etwa 15 Minuten anbraten, bis die Zwiebeln Farbe annehmen. Von der Platte nehmen und ein paar Minuten auf etwa 100 °C abkühlen lassen.

… Chiliflakes mit Salz und MNG in eine Metallschüssel geben. Das Öl durch ein Sieb über die Chilis gießen, es sollte schön brutzeln, aber nicht anbrennen.

… Das Chiliöl abkühlen lassen und in ein hübsches, steriles Glas mit dicht schließendem Deckel füllen. Hält sich im Kühlschrank ewig.

Chiliflakes – die Qual der Wahl

In den meisten asiatischen Lebensmittelläden gibt es szechuanische Chiliflakes. Nehmen Sie eine Sorte ohne zu viele Kerne, und je röter die Chiliflakes sind, desto besser. Man kann die getrockneten Chilis auch selbst mahlen – suchen Sie in diesem Fall nach Erjingtiao-Chili – oder sogar koreanische Chiliflakes verwenden, sogenannte Gochugaro. In Szechuan verwendet man ein dunkles, kalt gepresstes Rapsöl als Basis für das Chiliöl, und auch wenn es dafür keine direkte europäische Entsprechung gibt, kommt ein hochwertiges nussiges kalt gepresstes deutsches Rapsöl dem ziemlich nahe.

Chilicrisp

Wenn man szechuanische Chiliflakes mit Doubanjiang und ein paar Gewürzen lange auf niedriger Stufe röstet, bekommen sie bald eine knusprige, fast sandige Konsistenz und herrliche Röstaromen. Diese Art von Chilicrisp, oder Xianglajiang, wie es auch genannt wird, verwendet man als Alternative oder Ergänzung zum Chiliöl – oder als Zutat für selbst gemachtes Laoganma (siehe nächstes Rezept). Vor allem aber habe ich es als Notrakete im Kühlschrank. Es verleiht allem, worüber man es löffelt, Umami, Salz, Schärfe und eine knusprige Konsistenz. Ich verwende es zu meinem Frühstücksei, in gebratenem Reis, zu frisch gekochten Nudeln, als Dip für Dumplings, in Salaten, auf dem Käsebrot, und es schmeckt besonders herrlich auf dem selbst gemachten Douhua-Tofu mit Reis von Seite 177.

1 Glas

30 g scharfe getrocknete chinesische Chilis
5 EL Doubanjiang (szechuanische Bohnen-Chili-Paste)
100 ml Erdnussöl (oder anderes Speiseöl)
½ TL Fenchelsamen
8 schwarze Kardamomkapseln
2 Sternanis

ZUBEREITUNG

… Chilis von Stielen befreien, Kerne herausschütteln und Schoten 1 Stunde einweichen.
… Chilis grob mixen oder mörsern und mit Doubanjiang vermischen.
… Erdnussöl bis kurz unter dem Rauchpunkt erhitzen, maximal 175 °C.
… Fenchelsamen, schwarzen Kardamom und ganzen Sternanis zufügen und 15 Minuten köcheln lassen, sodass das Öl Geschmack annimmt. Gewürze herausnehmen und wegwerfen.
… Chilimischung ins Öl geben und auf mittlerer Stufe etwa 20 Minuten woken, bis sie trocken und »sandig« wird.
… Dabei ständig rühren, damit das Chilicrisp nicht anbrennt.
… In ein steriles Glas mit Deckel füllen und im Kühlschrank verwahren. Hält länger als es reicht.

Selbst gemachtes Laoganma

In China sagt man, die Leute aus Szechuan und Hunan hätten keine Angst vor scharfem Essen, aber in Guizhou hätte man Angst vor Essen, das KEIN Chili enthält. Die Art von Chiliöl, die man in Guizhou verwendet, wird Youlajiao genannt und ist das Vorbild für die kultige Laoganma-Chilisauce mit der strengen Dame auf dem Etikett. Im Gegensatz zu szechuanischem Chiliöl enthält Youlajiao langsam geröstete Chiliflakes und knusprige Zutaten wie Douchi und Erdnüsse. Dies ist eine selbst gemachte Variante.

1 Glas

200 ml Chiliöl, siehe Seite 15
100 ml Chilicrisp, siehe linke Spalte
Knusprige Zutaten nach Wahl, wie Erdnüsse, frittierte Sojabohnen, Douchi, frittierter Knoblauch und frittierte Schalotten

ZUBEREITUNG

… Chiliöl, Chilicrisp und wahlfreie knusprige Zutaten vermischen und in ein steriles Glas geben.

Was ist eigentlich XO-Sauce?

Heutzutage ist es nicht ungewöhnlich, dass schicke Restaurants im Westen Gerichte mit dem kantonesischen Chiliöl XO-Sauce servieren. Aber was ist XO eigentlich? Und kann man es auch als Vegetarier essen? Vermutlich nicht. Hongkongs bekanntestes Würzmittel wurde Anfang der Achtzigerjahre entweder im The Peninsula Hotel oder in einem der kleinen Lokale rundherum in Kowloon erfunden. In Hongkong sah man zu dieser Zeit, genau wie im Text des Rap-Songs von Busta Rhymes, Cognac als den coolsten Drink der Welt an, also wurde die Sauce nach dem coolsten von allen benannt: XO Cognac. Der Grund dafür war jedoch nicht, dass das Chiliöl Alkohol enthielt, sondern dass man die billige Shacha-Sauce, siehe S. 21, mit den teuersten Zutaten anreicherte, die man finden konnte – wie getrockneten Krabben, getrockneten Jakobsmuscheln und luftgetrocknetem Jinhua-Schinken. Das Resultat war ein Chiliöl so voller Umami, dass die *Vogue China* es einmal als Kaviar des Ostens bezeichnete.

CHILIÖL

SÜSSE SOJASAUCE

Sesamsauce

Cremige Erdnuss-Sesam-Sauce, die mit nur etwas Chiliöl und Nudeln oder zu Dumplings einfach herrlich schmeckt. Das Dashi-Pulver ist meine persönliche Note und kann auch weggelassen werden.

1 Glas

100 ml Sesampaste
100 ml cremige Erdnussbutter
2 TL Zucker
2 TL vegetarisches Dashi-Pulver
50–100 ml Sesamöl

ZUBEREITUNG

… Sesampaste, Erdnussbutter, Zucker und Dashi-Pulver in einer Schüssel vermengen.
… Sesamöl zufügen und rühren, bis die Sauce cremig und flüssig ist wie ein Dressing.
… In ein Glas geben und im Kühlschrank verwahren. Hält sich in etwa genauso lange wie die Erdnussbutter.

Süße Sojasauce

Eine würzige süße Sojasauce, die mit Chiliöl zu Dumplings gegessen oder als Basis für viele chinesische Gerichte verwendet wird.

1 Flasche

100 ml dunkle Sojasauce
3 EL helle Sojasauce
6 EL chinesischer brauner oder schwarzer Zucker
2 Lorbeerblätter
2 TL Szechuanpfeffer
2 Sternanis
1 Zimtstange
5 cm Ingwer, in Scheiben geschnitten

ZUBEREITUNG

… Alle Zutaten mit 200 ml Wasser vermengen und aufkochen.
… Die Temperatur reduzieren und etwa 15 Minuten köcheln lassen.
… Die Sauce durch ein Sieb in eine Flasche gießen und im Kühlschrank verwahren. Sehr lange haltbar.

Würziger Essig

Besonders aromatischer, würziger Essig zu Dumplings. Kann auch immer als Ersatz für schwarzen Essig verwendet werden.

1 Flasche

300 ml chinesischer schwarzer Essig, z. B. Chinkiang
1 EL Black Sugar (alternativ Muscovadozucker)
1 Sternanis
1 Zimtstange
1 Lorbeerblatt
2 Knoblauchzehen
2 getrocknete Chilischoten

ZUBEREITUNG

… Alle Zutaten mit 50 ml Wasser in einem Topf vermischen und aufkochen.
… Die Temperatur reduzieren und etwa 15 Minuten sieden lassen.
… Gewürze abseihen, den Essig in eine Flasche gießen und im Kühlschrank verwahren. Hält genauso lange wie der Essig, der verwendet wird.

Dumpling-Dip

Einfacher Dumpling-Dip, den man immer zu Hause haben sollte. Am besten in Kombination mit einem Schüsselchen Chiliöl oder Chilicrisp.

1 Flasche

300 ml chinesischer schwarzer Essig, z. B. Chinkiang
150 ml Reisessig
150 ml Sojasauce oder süße Sojasauce, siehe linke Spalte
50 g Kandiszucker
Frischer Ingwer

ZUBEREITUNG

… Schwarzen Essig, Reisessig, Sojasauce und Kandiszucker köcheln lassen, bis der Zucker geschmolzen ist. In eine Flasche gießen und im Kühlschrank verwahren. Er wird mit der Zeit immer besser.
… Zum Servieren eine geeignete Menge Dumpling-Dip in eine Schüssel füllen, frischen Ingwer in feine Stifte schneiden und in die Sauce geben.

UMAMI
1
2
3
4
5
6
7
8
9
10
Vegetarian
BARBECUE
SAUCE
Specially For Vegetarian Restaurants
Green Food
丹丹
Pixian Broad Bean Paste
AJI-NO-MOTO
UMAMI SEASONING
味の素
SINCE 1909
PURITY GREATER THAN 99%
MONOSODIUM GLUTAMATE
MADE IN FRANCE
NET WEIGHT
王致和
WANGZHIHE
精制
6月香
豆瓣酱
甜面酱

AUS DER FLASCHE
1
2
3
4
5
6
7
8
CHINKIANG VINEGAR
CHINKIANG VINAIGRE
LEE KUM KEE
MUSHROOMS
VEGETARIAN
STIR-FRY SAUCE
510g
White
Rice Vinegar
白芝麻油
绍興酒
SHAOHSING
(RICE WINE)
Alc. 13.5% Vol.
LAOGANMA
李錦記
LEE KUM KEE
鮮味生抽
Premium Light Soy
特級老抽
Premium Dark Soy Sauce
500mL

... und 37 gekaufte Würzmittel

MANCHE OSTASIATISCHE ZUTATEN kann man in gut sortierten Lebensmittelläden kaufen, andere im Internet bestellen. Am besten ist es jedoch, in einem der vielen asiatischen Supermärkte einzukaufen, die es hierzulande überall gibt, und die unser Land so viel reicher machen. Falls sie nicht in der Nähe eines Asialadens wohnen – fahren Sie in die nächste Stadt und füllen Sie Ihren Vorratsschrank mit folgenden Zutaten:

Umami

1. DOUCHI

Douchi – ganze, gesalzene fermentierte Bohnen – ist eines der ältesten fermentierten Bohnenprodukte der Welt und eine richtige Umamibombe. Läuft auch unter dem Namen »Fermented Black Beans«.

2. VEGETARISCHES DASHI-PULVER

Japanisches Halbfertigprodukt, das man verwendet, wenn man ein schnelles Dashi (japanische Brühe) machen will. Ich benutze Dashi-Pulver für alle Arten von Eiern, für Suppen, gebratenen Reis, Chiliöl, ja, alles, was einen kleinen zusätzlichen Boost von Umami und allgemeiner Würze vertragen kann.

3. INSTANT-BRÜHE

Noch ein chemischer, etwas zweifelhafter (aber sehr leckerer) Umami-Verstärker. Eine Brühe in Pulverform, aber mit reinerem Geschmack als westliche Brühwürfel. Zum Würzen aller Alltagsgerichte sehr gut geeignet.

4. KOMBU & GETROCKNETE SHIITAKE-PILZE

Getrockneter Kelp (eine Art Braunalge), der vor allem als Hauptzutat für Dashi (japanische Brühe) bekannt ist, aber auch in der chinesischen Küche ziemlich oft verwendet wird – dort unter dem Namen Haidai. Kombu ist voller Glutamate und kann mit Salz und getrockneten Shiitake-Pilzen pulverisiert werden, falls man einen natürlichen Geschmacksverstärker anstelle des chemisch hergestellten machen will.

5. VEGETARISCHE SHACHA-SAUCE

Chinesische Variante der Satay-Sauce, die jedoch nicht nach Erdnüssen schmeckt, sondern mehr nach fischigem Umami – am ehesten vergleichbar mit der kantonesischen XO-Sauce. Das Original besteht aus Öl, Zwiebeln, Knoblauch, Chili und getrockneten Krabben, aber es gibt auch eine vegetarische Version. Die klassische heißt Bullhead Barbecue Sauce.

6. DOUBANJIANG

Mit Chili fermentierte Saubohnen und in der szechuanischen Küche unverzichtbar. Suchen Sie nach Varianten, die Saubohnen und nicht Sojabohnen als Hauptzutat haben. Falls Sie den König der Bohnenpasten, Pixian Doubanjiang, finden, bunkern Sie! Alternative Namen: Chili Bean Paste, Dou Ban, Toban Djan oder Broad Bean Chili Sauce.

7. MNG

Es gibt nur wenige Zutaten, die so kontrovers sind wie MNG. Manche meinen, es verursache Migräne, Taubheitsgefühl und ungefähr 27 andere Symptome, während andere finden, es handele sich dabei nur um Aversionen gegen das Altmodische. Wir nehmen täglich MNG zu uns, unter anderem in Chips, Fertiggerichten, Instant-Brühen, Parmesan und Tomaten. Und es gibt keine klinischen Beweise dafür, dass MNG schädlich ist, auch wenn einige sagen, dass allzu große Dosen auf nüchternen Magen gewisse Beschwerden hervorrufen können. Meistens wird die Diskussion über MNG aber nur dann problematisch, wenn es um chinesisches Essen geht, was noch ein Beispiel dafür zu sein scheint, wie wir im Westen die chinesische Esskultur ständig mit Misstrauen betrachten. MNG wurde 1908 zum ersten Mal aus Kombualgen gewonnen, nachdem der japanische Wissenschaftler Kikunae Ikeda herauszufinden versucht hatte, woher der intensive Wohlgeschmack im Dashi eigentlich kommt. Er gab dem neuen delikaten Geschmack den Namen Umami, und im Jahr darauf kam das erste kommerzielle MNG unter dem Namen Aji-No-Moto in Japan auf den Markt – ein Produkt, das es immer noch zu kaufen gibt. Heute klammern viele MNG komplett aus, wenn sie ostasiatische Rezepte schreiben (aber vielleicht nicht unbedingt, wenn sie das Essen zubereiten). Ich finde jedoch, auch wenn man natürlich nie zu viele unnötige Zusätze essen sollte, ist MNG ein so wichtiger Teil des ostasiatischen Geschmacksprofils, dass es Gerichte gibt, die ganz einfach nicht ohne funktionieren, wie zum Beispiel Chiliöl oder Hotpot. Ich habe mich daher entschieden, es miteinzubeziehen, wenn ich wirklich finde, dass man es braucht, aber wenn Sie zweifeln oder sensibel auf MNG reagieren, können Sie es auch mit dem selbst gemachten Umamipulver aus Punkt 4 auf Seite 21 ersetzen oder es ganz weglassen.

8. FERMENTIERTER TOFU

Stinkende Umami-Bombe, die es in zwei Varianten gibt: Weiß und rot. Fermentierter Tofu schmeckt ein bisschen wie eine vegane Variante von Blauschimmelkäse und wird beispielsweise oft mit Blattgemüse im Wok gebraten.

9. HUANGDOJIANG

Eine Art ursprüngliche chinesische Version von japanischem Miso und koreanischem Doenjang (und kann notfalls auch durch diese ersetzt werden). Gibt es in mehreren verschiedenen Varianten aus vielen Teilen Chinas unter unterschiedlichen Namen, was manchmal verwirrend sein kann. Meistens in kleinen Plastikboxen verpackt und mit dem Namen Soy Bean Paste oder Yellow Bean Paste auf dem Etikett versehen.

10. TIANMIANJIANG

Eine schwarze, etwas süßliche Bohnenpaste, die auch für Pekingente verwendet wird. Hoisin-Sauce ist eine süßere, würzigere Convenience-Version. In Korea haben sie eine fast identische Variante namens Chunjang. Alternative Namen: Sweet Bean Sauce oder Sweet Wheat Paste.

Aus der Flasche

1. SCHWARZER ESSIG

Schwarzer Essig schmeckt malziger, süßer und rauchiger als normaler Reisessig. Ein bisschen wie die chinesische Antwort auf Balsamicoessig. Klassisch als Dip für Dumplings. Der schwarze Essig, der bei uns im Westen am häufigsten vertreten ist, wird in Zhenjiang unter dem Namen Chinkiang-Essig produziert.

2. VEGETARISCHE AUSTERNSAUCE

Diese schwarze, ketchupähnliche Umami-Bombe wurde ursprünglich vor allem im Gebiet um Hongkong verwendet, ist aber inzwischen in ganz China extrem beliebt. Der Legende nach hat der Gründer der Firma Lee Kum Kees die Sauce erfunden, als er versehentlich einen Topf mit kochenden Austern zu lange auf dem Herd stehen ließ. Es gibt jedoch auch eine vegetarische Variante auf Pilzbasis mit grünem Etikett.

3. REISESSIG

Reisessig wird aus Reiswein hergestellt und ist oft weniger sauer als westlicher. Es gibt ihn in Schwarz, Rot und Weiß. In Südostasien verwendet man öfter Limette, um dem Essen Säure zuzufügen, daher ist der meiste Reisessig, den man findet, entweder japanisch, koreanisch oder chinesisch. Jeder von ihnen ist gut.

4. SESAMÖL

Sie können chinesisches, japanisches oder koreanisches Sesamöl kaufen, mein Favorit ist jedoch das koreanische, weil es intensiver und nussiger schmeckt als die anderen. Da Sesamöl vor allem zum Würzen verwendet wird, erhitzt man es selten, zum Braten und Kochen verwendet man eher Erdnussöl, das einen höheren Rauchpunkt hat.

5. SHAOXING-WEIN

Eine der wichtigsten Zutaten für richtig gutes chinesisches Essen ist Shaoxing-Wein. Erhältlich im Asialaden und im Internet zu bestellen.

6. SESAMPASTE

Sesampaste besteht aus gerösteten weißen Sesamsamen und erinnert etwas an Erdnussbutter. In Kochbüchern steht oft, dass man sie mit Tahini ersetzen kann, aber hören Sie nicht auf solche Verrücktheiten. Sie schmeckt völlig anders. In China ist die Sesampaste weich und cremig, während die, die man hier im Westen kaufen kann, meist eine Spur fest geworden ist. Sie können das Sesamöl unterrühren, das sich obendrauf gesammelt hat, und vielleicht noch etwas mehr zufügen, um eine gute Konsistenz zu erhalten.

7. LAOGANMA

Wenn man keine Zeit hat, selbst Chiliöl zu machen, ist die einzige Alternative, ein Glas Laoganma zu kaufen. Keines der anderen fertigen Öle schmeckt genauso gut. Die Marke wurde 1997 von der armen »alten Patentante« auf dem Etikett, Tao Haubi, ins Leben gerufen. Anfangs wurde sie auf einem Marktstand in Guizhou verkauft, heute ist sie ein internationaler Chiliöl-Konzern. Es gibt inzwischen eine Menge Varianten des ursprünglichen umamireichen Chiliöls mit fermentierten schwarzen Bohnen, wovon Chilicrisp vielleicht die populärste ist.

8. HELLE UND DUNKLE SOJASAUCE

Wenn man von Sojasauce spricht, meint man in der Regel helle Sojasauce, die leicht und salzig ist und üblicherweise nur aus Wasser, Salz und fermentierten Sojabohnen besteht. Für die Rezepte in diesem Buch kann man normale japanische Kikkoman Sojasauce benutzen. Aber suchen Sie noch lieber nach chinesischer Sojasauce, auf deren Etikett nicht »dark« steht, aber gerne so etwas wie »naturally brewed« und »premium«. Dunkle Sojasauce ist dicker, süßer und wird weniger salzig wahrgenommen als helle. Man verwendet sie, um Eintöpfen wie geschmorter Roter Bete Farbe und Tiefe zu verleihen. Suchen Sie nach »Dark Soy Sauce« auf dem Etikett.

Gewürze

1. GETROCKNETE CHINESISCHE GEWÜRZE

Die üblichsten getrockneten chinesischen Gewürze in diesem Buch sind Lorbeerblätter, Sternanis, Cassia-Zimtstangen und Kreuzkümmel. Wenn Sie schon beim Einkaufen sind, können Sie auch noch schwarzen Kardamom, getrocknete Mandarinenschale und Gojibeeren für Tang Yuan kaufen. Der große runde Ball auf Seite 18 nennt sich Luo Han Guo oder auch Mönchsfrucht und dient als natürlicher Süßstoff, aber ich verwende ihn vor allem, weil er so schön ist. Für die besten und billigsten Gewürze: im Asialaden einkaufen.

2. CHILIFLAKES

Die Basis für ein richtig gutes Chiliöl sind richtig gute Chiliflakes. In Szechuan verwendet man oft eine Mischung aus mehreren verschiedenen Sorten wie z. B. Erjingtiao, Facing Heaven und Xiaomila – während die Chiliflakes, die es hierzulande gibt, meist weder Namen haben noch von der besten Sorte sind. Wenn Sie Top-Notch-Chilis haben wollen, müssen Sie daher entweder selbst welche anbauen oder sie von guten westlichen Internetshops bestellen, z. B. The Mala Market aus den USA. Wenn sie in hiesigen Asialäden Chiliflakes kaufen, suchen Sie nach szechuanischen Chiliflakes, die sowohl aus etwas größeren Flakes als auch aus feinem Pulver bestehen, und je röter die Chilis sind, desto besser ist meist die Qualität.

3. GRÜNER UND ROTER SZECHUANPFEFFER

Wenn man Szechuanpfeffer kauft, ist das absolut Wichtigste, dass er frisch ist, überprüfen Sie also das Datum. Ganz frisch gepflückter Szechuanpfeffer hat ein enorm scharfes, blumiges, zitroniges, prickelndes Aroma, das den Mund buchstäblich betäubt, während dieses alte abgelaufene Tütchen, das man noch im Schrank hat, eher schmeckt wie etwas knirschender Sand. Manchmal wird Szechuanpfeffer vor dem Export auch wärmebehandelt, was viel von dem guten Geschmack und fast alles Prickelnde wegnimmt. Liebhaber des Szechuanpfeffers tun also auch hier gut daran, im Internet zu bestellen. Grüner Szechuanpfeffer hat einen frischen Zitrusgeschmack, während roter eine wärmere, etwas blumigere Note aufweist.

4. CURRYPULVER

Wenn Sie chinesisches Currypulver des Madras-Typs finden, kaufen Sie es, ansonsten geht auch jedes andere gute Curry- oder Garam Masala-Pulver, das Sie mögen. Mein Favorit ist S&B Oriental Curry Powder, weil es in einer so schönen roten Dose ist und ich wirklich ein großer Fan von japanischem Curry bin – das trotz allem eine wichtige Komponente in dem multikulturellen Hongkong-Curry von Seite 139 ist. Japanisches Curry ist oft mild und enthält etwas Mehl, was das Curry gleich beim Zubereiten etwas bindet.

5. GETROCKNETE CHILISCHOTEN

Eine der üblichsten getrockneten Chilisorten in Szechuan ist Erjingtiao. Das sind relativ milde, knallrote Schoten, die für Chiliöl, Doubanjiang und zum Kochen benutzt werden. Facing Heaven ist eine etwas kleinere, mittelscharfe Chili, die oft ganz verwendet wird, um verschiedene Wokgerichte zu parfümieren, während Xiaomila kleine sauscharfe Schoten sind – beim Hotpot ein Muss. Das hiesige Angebot an getrockneten chinesischen Chilis besteht jedoch meist aus irgendwelchen namenlosen Chilisorten. Wenn Sie also nicht im Internet bestellen wollen, sind Sie darauf angewiesen, etwas mit Chili zu experimentieren.

Trockenwaren

1. GYPSUM POWDER (lebensmittelechtes Calciumsulfat)

In Ostasien verwendet man Gypsum Powder vor allem, um sogenannten Douhua zu machen, eine selbst gemachte Art Seidentofu.

2. BLACK SUGAR

Black sugar ist unraffinierter brauner, fast schwarzer Zucker, der noch eine Menge Melasse enthält und in Taiwan populär ist. Kann durch chinesischen braunen Zucker oder Muscovadozucker ersetzt werden.

3. KANDISZUCKER

Kandiszucker ist kristallisierter Zucker ohne viel Melassegeschmack, aber mit einem milderen, weicheren Aroma als normaler Zucker. Er verleiht Gerichten einen schönen Glanz und kann auch als Bonbon gegessen werden. Notfalls ersetzt man ihn durch normalen Zucker.

4. MALTOSE

Maltose wird aus Getreide oder Reis hergestellt und hat ungefähr 30 Prozent der Süße von Zucker. Sie ist jedoch unglaublich zähflüssig, was sie ideal macht, um Marinaden und Saucen einen goldenen Glanz zu schenken. Maltose und die anderen Zuckerarten finden Sie im Asialaden.

5. BOBAPERLEN

Es gibt oft mehrere Sorten Tapiokaperlen, von normalen weißen bis hin zu knallrosa »popping« Boba, gefüllt mit einer Art Bonbongelee. Die schwarzen sind aus schwarzem Zucker und klassisch in Black Sugar Boba. Falls es mehrere Sorten gibt: Nehmen Sie die, die am schnellsten gehen. Manche können erstaunlich schwer zuzubereiten sein.

6. CHINESISCHE PULVER

Sie werden ein paar unterschiedliche Pulver kaufen müssen, bevor Sie das Essen aus diesem Buch nachkochen. Backpulver und Speisestärke sind die üblichsten, es gibt sie in jedem Supermarkt. In Asialäden finden Sie Glutinous Rice Flour oder Sticky Rice-Mehl, das für Mochi verwendet wird, samt Weizenstärke, »Wheat Starch«, für Potstickers.

7. LION CUSTARD POWDER

Für maximale Punktzahl in Authentizität, wenn Sie Orange Cauliflower machen: Verwenden Sie dieses kantonesische Puddingpulver.

8. DUMPLINGMEHL

Wenn Sie perfekt weiße Nudeln und Dumplingteig mit der genau richtigen Bissfestigkeit haben wollen, kaufen Sie Ihr Mehl im Asialaden. Chinesisches Nudel- und Dumplingmehl ist nämlich ein sehr fein gemahlenes, weißes Weizenmehl. Weil chinesischer Weizen nicht so stark ist wie westlicher, werden ihm allerhand Zusätze beigemischt, die den Proteingehalt auf 13 Prozent erhöhen. Wenn Sie die Zusätze vermeiden wollen, nehmen Sie anderes fein gemahlenes Weizenmehl mit hohem Proteingehalt wie italienisches Farina Tipo 00. Die Dumplings und Nudeln werden bei Verwendung eines solchen Mehls jedoch farblich etwas grauer ausfallen.

GEWÜRZE

TROCKENWAREN

Mixian-Nudeln und Gurkensalat
aus Yunnan

Reis kochen ohne Reiskocher

Das Rezept in diesem Buch, bei dem vermutlich das größte Risiko besteht, dass es misslingt, ist der Reis. Einerseits, weil guten Reis zu kochen schwerer ist, als man glaubt, und andererseits, weil unser Land eine so wertlose Reiskultur hat, wir haben wirklich keine Ahnung. Hier folgen also ein paar Grundregeln: 1. Den Reis nie salzen. 2. Jasminreis oder Rundkornreis für chinesisches Essen verwenden, NIE parboiled oder Kochbeutel-Reis. 3. Den Reis im Asialaden kaufen, er ist besser, billiger und hat eine schönere Verpackung. 4. Einen Reiskocher kaufen. Dann geht es einfach, schnell, und man hat immer ein perfektes Resultat. 5. Wenn Sie sich keinen Reiskocher zulegen möchten, folgen Sie diesem Rezept, um Reis im Topf zu kochen:

85 g Jasminreis pro Person

ZUBEREITUNG

… Jasminreis in einen Topf geben und in kaltem Wasser spülen, bis es fast ganz klar ist, das braucht meist zwei bis vier Spülgänge.

… So viel Wasser zufügen, dass es den Reis bis zum ersten Glied Ihres Zeigefingers bedeckt, also etwa 2 cm über dem Reis.

… Auf hoher Stufe ohne Deckel kochen, bis Wasser und Reis sich ich in der Mitte treffen (siehe Bild).

… Die Temperatur auf Stufe 1 oder 2 reduzieren und bei geschlossenem Deckel 15 Minuten köcheln lassen.

… Den Topf vom Herd nehmen und bei geschlossenem Deckel etwa 10 Minuten stehen lassen, dann den Reis mit einem Reislöffel (alternativ Kochlöffel) umrühren und servieren.

Vegetarische Brühe

Wenn Sie zu Hause richtig gutes chinesisches Essen kochen wollen, ist es praktisch, immer Brühe im Gefrierschrank zu haben. Es gibt natürlich sowohl fertige Brühen als auch eine Menge Rezepte für selbst gemachte Gemüsebrühe, aber viel zu vielen fehlt eine wichtige Zutat: Umami. Umami ist ja gerade der Witz an einer Brühe, und dieses Rezept enthält zwei der kraftvollsten vegetarischen Umami-Maximierer, die es gibt: getrocknete Shiitakes und Kombu. Um die Brühe richtig außergewöhnlich zu machen, habe ich auch ein paar Würfel herrlich stinkenden fermentierten Tofu hinzugefügt, was mit dem gerösteten Kohl die ganze Küche deftig duften lässt.

Zutaten	Zubereitung
20 getrocknete Shiitakepilze	… 4 Liter kaltes Wasser, Shiitakepilze und Kombu in einen Topf geben und über Nacht quellen lassen.
3 Stücke Kombu	… Am Tag danach: Wasser auf mittlerer Stufe langsam aufkochen. Gerade bevor es zu kochen beginnt, Kombu herausnehmen, sonst wird die Brühe bitter.
1 Chinakohl	
1 Zwiebel	
2 Würfel weißer fermentierter Tofu	… Chinakohl putzen, vierteln und im Ofen auf höchster Stufe rösten, bis er schwarz zu werden beginnt, etwa 25 Minuten.
Salz	… Zwiebel grob zerteilen und mit dem Kohl und fermentiertem Tofu in die Brühe geben. Aufkochen, die Temperatur reduzieren und 2 Stunden köcheln lassen.
	… Durch ein Sieb abgießen und mit Salz abschmecken. Geizen Sie nicht mit dem Salz, sondern salzen Sie, bis es gut schmeckt.
	… Sofort verwenden oder in Einlitergefäße aufteilen und einfrieren.

Suan Cai – chinesisches Sauerkraut

Suan Cai, was so viel bedeutet wie saures Gemüse, wird aus Gai Choy gemacht und ist eine der ältesten Formen von gesäuertem Kohl der Welt, also der Urgroßvater von sowohl Kimchi als auch Sauerkraut. In asiatischen Lebensmittelläden wird zwar fertig gesäuertes Suan Cai verkauft, aber es macht Spaß, es selbst zu machen, und es schmeckt unglaublich viel besser. Selbst gemachtes Suan Cai kann fein gehackt und unter anderem in Dan Dan-Nudeln als Ersatz für Suimi Yacal, szechuanischen eingelegten Senfkohl, verwendet werden.

500–700 g Gai Choy (auch Kai Choi oder Sareptasenf genannt)
1 Stück Kombu
Meersalz ohne Jod

ZUBEREITUNG

… Im Laden einen Gai Choy mit so dickem Strunk wie möglich auswählen – die dünnen werden nicht ganz so gut. Gründlich abspülen, den dünnsten Teil des Strunks entfernen und wegwerfen.

… Wie immer beim Fermentieren ist es wichtig, an die Hygiene zu denken, also immer ganz saubere Gefäße und Küchenutensilien verwenden, die »sterilisiert« werden, indem sie mit kochendem Wasser gefüllt oder in der Spülmaschine gespült werden. Wenn Sie vorher noch nie etwas gesäuert haben, brauchen Sie jedoch keinen übertriebenen Respekt davor zu haben, der Salzgehalt tötet das meiste ab, und so lange das Resultat säuerlich wird, ist es sicher.

… Es ist auch sehr viel einfacher, Gemüse zu säuern, als man denkt, man muss nur die Zutaten genau abmessen und dann die Zubereitung der Natur überlassen.

… Das Fermentiergefäß auf eine Waage stellen und diese auf null stellen. Gai Choy hineingeben, mit Wasser übergießen, sodass alles gerade bedeckt ist, aber ganz oben etwas Luft lassen. Das Gewicht aufschreiben und das Wasser dann in eine Schüssel umgießen.

… 2 Prozent des Gewichts in Salz abmessen. Das Salz ins Wasser mischen, Kombu zufügen und zurück über den Gai Choy in das Fermentiergefäß gießen.

… Ein paar Gewichte (zum Beispiel eine kleine Tasse oder Schale) in das Gefäß legen, sodass der Gai Choy unter der Wasseroberfläche bleibt.

… Bei Zimmertemperatur 2–3 Tage säuern lassen, je nachdem, wie warm es ist.

… In den Kühlschrank stellen. Nach etwa einer Woche ist das Suan Cai fertig.

Küchenutensilien

NACHDEM DIESES BUCH in erster Linie als eine Art grundlegender Guide für die chinesische Küche gedacht ist, müssen Sie sich eigentlich keine Vielzahl an speziellen Küchenutensilien zulegen. Die meisten Gerichte kann man (fast) genauso gut mit einer Teflonpfanne und dem alten geerbten IKEA-Set von 1976 zubereiten. Allerdings gibt es natürlich ein paar Dinge, die es schöner und einfacher machen, jeden Tag chinesisch zu kochen. Beginnen wir mit dem Wichtigsten.

Der Wok

Nur wenige Küchengerätschaften sind so missverstanden wie eines der beliebtesten Weihnachtsgeschenke in den Neunzigerjahren: der Wok. Viele verwenden ihn als eine Art überdimensionierte Bratpfanne und begreifen nicht, dass Erfahrung, Können und eine Hitze, die etwa dem Ausstoß eines Flugzeugs entspricht, nötig sind, um den sagenumwobenen Geschmack von »wok hei« hervorzubringen, den Atem des Woks, der echtes Kochen mit dem Wok so fantastisch macht. Wenn ein normaler Gasherd für den Hausgebrauch eine Leistung von rund 10 000 BTU (British Thermal Unit) hat, liegt ein kantonesischer Restaurantherd in der Regel irgendwo zwischen 100 000 und 200 000 BTU – und dabei ist im Prinzip die ganze Hitze auf die Mitte des Woks fokussiert und nicht nach außen gerichtet wie bei westlichen Gasbrennern. Das ist heiß, schwierig und furchtbar stressig. Fakt ist, dass echtes chinesisches Kochen mit dem Wok eine der absolut schwierigsten Zubereitungstechniken ist, die man überhaupt lernen kann. Glücklicherweise muss man nicht so geschickt sein wie ein Wokmeister aus Guangzhou, um richtig gutes chinesisches Essen zu kochen. Aber man braucht vielleicht ein paar Tipps mit auf den Weg.

AUSWAHL DES WOKS

Für welchen Wok man sich entscheidet, hängt vom persönlichen Geschmack, Budget und der Art von Herd ab, die man hat. In den allermeisten Fällen ist es jedoch am besten, einen mittelgroßen Wok aus Carbonstahl mit Holzgriff zu wählen. Falls Sie einen Gasherd haben, herzlichen Glückwunsch, dann können Sie einen traditionellen Wok mit rundem Boden kaufen, während normale Herde einen mit flachem Boden erfordern. Wenn Sie praktisch veranlagt sind, gibt es auch Teflonwoks, auch wenn ich persönlich nie einen Wok kaufen würde, den man nicht ordentlich erhitzen kann. Für Luxusliebhaber wie mich gibt es auch unglaublich schöne handgemachte Woks von Handhammered Woks aus England, die aus einem einzigen Stück Carbonstahl gehämmert werden. Gehen Sie ruhig mal auf deren Homepage.

VOR DER ERSTEN VERWENDUNG

Wenn ein Wok aus Carbonstahl aus dem Laden kommt, ist er meist silberfarben. Bevor man ihn zum ersten Mal verwendet, muss man dafür sorgen, dass er schwarz, rostfrei und mehr oder weniger antihaftversiegelt wird. Dazu gibt man ihm eine Schutzschicht aus sogenanntem polymerisiertem Öl. Spülen Sie den Wok zuerst gründlich mit heißem Wasser und Spülmittel – das ist das letzte Mal, dass Sie in Ihrem Wok Spülmittel verwenden, also genießen Sie den Moment. Trocknen lassen und anschließend mit einem fusselfreien Lappen oder einem Stück Küchenpapier eine minimale Menge Raps- oder Speiseöl in den Wok reiben. Auf eine heiße Herdplatte stellen, bis es zu rauchen anfängt. Der Rauch ist nicht besonders gesund, also öffnen Sie die Fenster. Den Wok vom Herd nehmen, 30 Sekunden abkühlen lassen und mit etwas mehr Öl einreiben. Mindestens drei bis vier Mal wiederholen, bis der ganze Wok gleichmäßig schwarz ist. Auf einem Gasherd können Sie den Wok anwinkeln, sodass auch die Ränder schwarz werden, siehe nebenstehendes Bild, bei dem ich ungefähr bis zur Hälfte gekommen bin. Wenn man dabei klebrige Flecken bekommt, verwendet man vermutlich zu viel Öl, und nachdem die Schwärze gegen Rost schützt, ist es auch eine gute Idee, die Außenseite des Woks zu polymerisieren. Für ein gleichmäßigeres Resultat kann man den Wok auch im Ofen schwärzen. Dann darf er aber natürlich keinen Plastikgriff haben, und Sie müssen den Ofen auf Maximaltemperatur stellen. Für eine Schicht ist dabei etwa eine Stunde nötig, drei Schichten sind meist ausreichend.

VERWENDUNG DES WOKS

Auch wenn Sie Ihren Wok nicht über einem kantonesischen Jetmotor verwenden, kann es stressig sein. Man hat oft unangenehm starke Hitze, fein gehackte Zutaten, und es dauert buchstäblich nur wenige Sekunden, um geriebenen Knoblauch am Boden des Woks festbrennen zu lassen. Es ist daher wichtig, alle Zutaten vor der Zubereitung ordentlich vorzubereiten – schummeln Sie also nicht, sondern folgen Sie den Anleitungen in den Rezepten. Egal, bei welcher Temperatur Sie woken, gilt die Regel: kaltes Öl in heißem Wok. Erhitzen Sie den Wok also immer zuerst trocken, schwenken Sie etwas Öl darin und werfen Sie entweder die Zutaten so schnell wie möglich hinein oder reduzieren Sie die Temperatur bis zum gewünschten Grad und woken Sie weiter. Das dritte Wokgebot lautet: Woken Sie nicht zu viel gleichzeitig. Der Witz am Woken ist es, mit so hoher Temperatur arbeiten zu können, dass das Gemüse knackig bleibt. Wenn man zu viele Zutaten im Wok hat, wird es eher gekocht.

PFLEGE DES WOKS

Säubern Sie den Wok nie mit Spülmittel, sondern spülen Sie ihn mit heißem Wasser aus und benutzen Sie gegebenenfalls einen weichen Schwamm. Wenn Essen am Boden festgeklebt ist, weichen Sie ihn vor dem Spülen mit etwas Wasser ein. Den Wok anschließend gut abtrocknen, auf dem heißen Herd erhitzen und dann mit etwas Öl einreiben, um die Antihaftbeschichtung aufrechtzuerhalten.

Andere Utensilien

Glücklicherweise sind die meisten chinesischen Kochwerkzeuge billig und leicht zu bekommen. Im nächsten Asialaden gibt es normalerweise die meisten Dinge aus diesem Kapitel, und ansonsten ist das Internet immer ein guter Shopping-Partner.

1. WOKWERKZEUG

Wenn Sie sich schon einen neuen Wok zulegen, ist es auch gut, dazu folgendes Werkzeug zu kaufen: Einen Schaumlöffel, einen Schöpflöffel und einen schönen Pfannenwender. Dann sind Sie für die meisten Situationen gerüstet. Besorgen Sie sich auch einen Deckel und einen kleinen Dämpfeinsatz für Ihren Wok.

2. CHINESISCHE HACKMESSER

In China ersetzt man so gut wie alle anderen Küchenmesser durch zwei Hackmesser, mit denen man fast alle Küchenarbeiten macht. Ein dünneres, schärferes für das Würfeln von Tofu und Hacken von Gemüse, und ein schwereres, kräftigeres, um gröbere Dinge zu zerkleinern. Billige Hackmesser aus Carbonstahl gibt es in den meisten Asialäden, aber wenn Sie richtig gute, handgemachte Dinge mögen, ist die Messerfirma Chan Chi Kee aus Hongkong wohl die beste der Welt. Hier hat der amerikanische Koch Anthony Bourdain in einer Folge von *The Layover* sein Hackmesser gekauft. Bei der Gelegenheit wurde auch das größte Riesenhackmesser des Ladens vorgestellt, mit dem man Kühen die Köpfe abhackt. Da dieses Buch vegetarisch ist, brauchen Sie so eines jedoch nicht. Man kann die Hackmesser von Chan Chi Kee teuer im Internet oder für ein paar Zehner vor Ort in Hongkong kaufen, wo das legendäre Geschäft in der Shanghai Street in Kowloon liegt. In den Läden rundherum kann man auch handgehämmerte Woks, Bambusdämpfer und Bubble-Waffeleisen zu unglaublich günstigen Preisen kaufen.

3. DUMPLING-TEIGROLLE

Mit einem normalen großen Nudelholz ist es so gut wie unmöglich, Teig für Dumplings und Baozi auszurollen. Eine kleine chinesische Dumpling-Teigrolle kostet nicht viel und ist die Anschaffung wirklich wert. Wenn Sie im örtlichen Asialaden keine passende Teigrolle bekommen, können Sie einfach selbst eine herstellen, indem Sie ein Stück Rundholz zusägen.

4. ANDERE DINGE

Wenn Sie keinen Dämpfeinsatz für Ihren Topf haben, brauchen Sie auch einen Bambusdämpfer, den man über einen Wok oder einen normalen Topf stellen kann. Wenn Sie Hotpot machen wollen, brauchen Sie einen Hotpot-Topf sowie einen gasbetriebenen Tischherd, und wenn Sie schon einmal im Laden sind: Kaufen Sie einen Tontopf, sodass Sie das wunderbare Reisgericht von Seite 140 machen können.

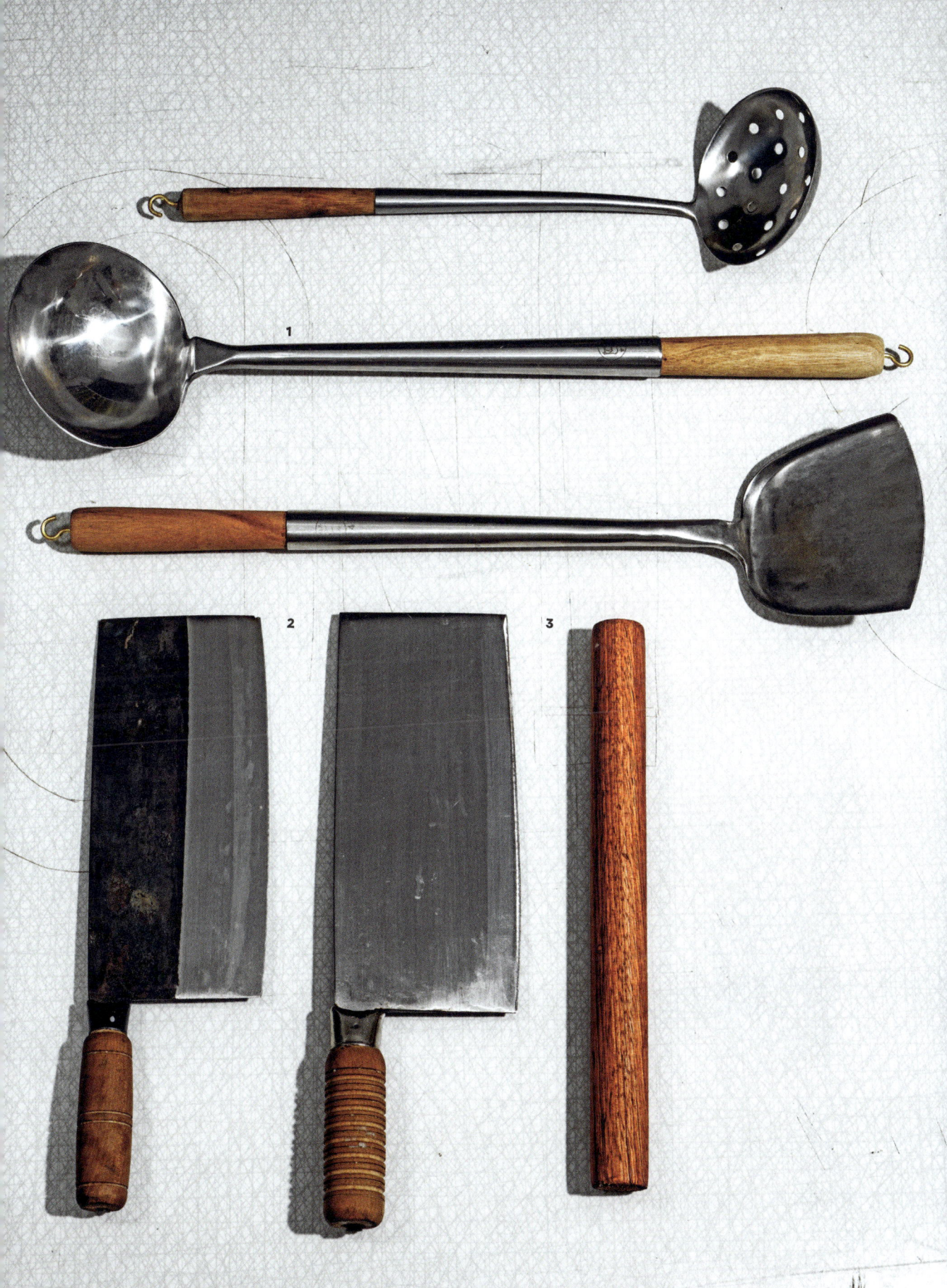

誠興 公司

麻雀

LOOK RIGHT 睇右

LOOK LEFT 睇左

Central District, Honkong

People's park, Chengdu

ALLTAG

30 chinesische Alltagsrezepte, die schnell genug gehen, um sie nach der Arbeit zu machen – die aber schmecken, als hätten Sie ein ganzes Wochenende auf die Zubereitung verwendet.

Tomate mit Ei

番茄炒蛋

Tomate mit Ei wird von Chinesen auf der ganzen Welt gegessen. Es ist das erste Gericht, das man als Kind zu kochen lernt, von dem man in der Studentenzeit lebt und das man dann den Rest seines Lebens über macht, sobald man etwas Schnelles, Leckeres und Tröstliches braucht. Ja, von allen Alltagsgerichten in diesem Kapitel ist dieses Gericht das alltäglichste. Man kann es mit Nudeln, Reis oder einfach als schnelles, leckeres Rührei servieren.

2 Portionen

3–4 reife Tomaten
2 Frühlingszwiebeln
4 Eier
1 TL + 1 EL + 1 EL Erdnussöl
(oder anderes Speiseöl)
1 TL vegetarisches Dashi-Pulver
½ TL Salz
½ TL Zucker
1 TL Speisestärke,
angerührt in 1 EL Wasser
1 TL Sesamöl

ZUBEREITUNG

… Tomaten waschen und vom Strunk befreien. Oben kreuzweise einschneiden und in kochendem Wasser blanchieren. Abkühlen lassen. Schälen und grob hacken. Wem das zu viel Arbeit erscheint, kann diesen Punkt auch weglassen und die Tomaten mit Schale woken.

… Frühlingszwiebeln in etwa 4 cm lange Stücke schneiden.

… Eier, 1 TL Erdnussöl und Dashi-Pulver mit 50 ml Wasser verrühren.

… Einen Wok erhitzen, 1 EL Erdnussöl hineingeben und Tomaten und Frühlingszwiebeln etwa 2 Minuten braten, bis sie Flüssigkeit abgeben. Salz, Zucker und angerührte Speisestärke zufügen. Die Tomatenmischung in eine Schüssel umfüllen, wenn sie dick zu werden beginnt.

… Den Wok säubern, erneut erhitzen und dann 1 EL Erdnussöl hineingeben. Die Eier cremig woken. Die Tomatenmischung wieder in den Wok geben und rasch vermengen.

… Mit etwas Sesamöl beträufeln.

SMARTE SACHE

Es gibt eine enorme Menge an Variationen dieses Rezepts, scheuen Sie sich also nicht, Ihre eigene zu erfinden. Varianten mit Ingwer und Shaoxing-Wein sind zum Beispiel klassisch. Etwas Dashi-Pulver ins Ei zu mischen ist freilich nicht sonderlich authentisch chinesisch, aber ich gebe fast überall Dashi-Pulver dazu, das ist also mein kleiner Beitrag zu einem der meistgekochten Gerichte der Welt.

Scallion Oil Noodles

葱油拌面

Wenn es eine chinesische Version des italienischen minimalistischen Klassikers Aglio e Olio gibt – Pasta mit Knoblauch und Olivenöl – dann ist es definitiv Cong Yu Ban Mian, auch Scallion Oil Noodles oder Frühlingszwiebelnudeln genannt. Seine Einfachheit und die wenigen Zutaten machen es zwar alltagstauglich, es ist aber dabei durchaus exzellent. Auch wenn das Original mit handgemachten Weizennudeln zubereitet wird, funktioniert es mit jeder Art von gekauften Nudeln, sie sollten allerdings aus Weizen sein und ungefähr die Dicke von Spaghetti haben.

4 Portionen

10–15 Frühlingszwiebeln
100 ml Erdnussöl (oder anderes Speiseöl)
2 EL dunkle Sojasauce
3 EL helle Sojasauce
2 TL Zucker
400 g Weizennudeln, gekauft oder selbst gemacht, siehe Seite 156

ZUBEREITUNG

… Eine Frühlingszwiebel zum Servieren in feine Ringe schneiden und beiseitelegen. Die restlichen jeweils in zwei etwa 10 cm lange Stücke schneiden – ein Stück aus dem weißen Teil und eines aus dem grünen. Die Wurzeln aufbewahren.

… Die halbierten Frühlingszwiebeln in feine Streifen schneiden, dabei die grünen und weißen Teile separat halten (sie haben eine unterschiedliche Zubereitungszeit).

… Das Öl in einen Topf geben und den weißen, in Streifen geschnittenen Teil der Frühlingszwiebeln sowie die Wurzeln bei niedriger bis mittlerer Temperatur braten.

… Wenn die Streifen weich werden, den grünen Teil hinzufügen.

… Unter vorsichtigem Rühren brutzeln lassen, bis die Frühlingszwiebeln knusprig, aber nicht verbrannt sind. Herausnehmen und auf Küchenpapier abtropfen lassen. Die Wurzelstücke wegwerfen.

… Sojasauce und Zucker ins Öl geben und einkochen lassen.

… Die Nudeln kochen und in Portionsschüsseln geben.

… Ein paar Esslöffel Öl hinzufügen und umrühren.

… Mit gebratenen und den beiseitegelegten frischen Frühlingszwiebeln bestreuen.

BOSS MOVE

Um die Frühlingszwiebelnudeln noch nahrhafter zu machen, können Sie sie mit etwas gebratenem Veggie-Hack ergänzen, z. B. dem von Seite 50. Übrig gebliebenes Frühlingszwiebelöl können Sie im Kühlschrank aufbewahren. Wenn Sie dann noch selbst gemachte Nudeln im Kühlschrank haben, haben Sie immer eine Portion schnelle Asia-Nudeln auf Lager, die jede Fertigversion um Längen schlägt.

Singapur-Nudeln

星洲炒米

Dieses gebratene Reisnudelgericht kommt nicht aus Singapur, sondern hat seinen Namen vermutlich deshalb, weil es mit Curry gewürzt wird – ungefähr so wie Essen, das mit einer Ananasscheibe serviert wird, im Westen meist den Zusatz »Hawaii« bekommt. Tatsächlich ist es ein klassisches Cha Chaan Teng-Gericht aus Hongkong. Cha Chaan Teng bedeutet Tee-restaurant. Darunter versteht man ein kleines Café in ursprünglich britischem Stil, in dem man Tee mit Milch trinken und wunderbar originelles westliches/chinesisches Essen wie Toast mit Kondensmilch, Egg Tarts und Makkaroni-Nudelsuppe essen kann.

4 Portionen

180 g dünne chinesische Reisnudeln (Vermicelli)

2 Knoblauchzehen

1 Schalotte

2 Sivri-Paprikaschoten

1 EL Currypulver

1 TL Kurkuma

80 g frische Sojasprossen

5 Stängel chinesischer Schnittlauch

6 Frühlingszwiebeln

½ Zwiebel

1 Ei

2 TL vegetarisches Dashi-Pulver

2 EL Erdnussöl (oder anderes Speiseöl)

1 TL Salz

1 TL Zucker

1 Prise MNG (optional)

ZUBEREITUNG

… Reisnudeln nach Packungsanweisung kochen und mit kaltem Wasser abschrecken.

… Knoblauch und Schalotte abziehen und reiben. Paprika waschen und von Stiel und Kernen befreien. Currypulver und Kurkuma abmessen.

… Die Sojasprossen am besten von dem kleinen, dünnen »Schwanz« befreien und ohne Öl bei hoher Temperatur woken, bis sie ordentlich Farbe angenommen haben. Beiseitestellen.

… Schnittlauch waschen und trockenschütteln. Frühlingszwiebeln, Zwiebel und Sivri-Paprika in dünne Streifen und den Schnittlauch in gleich große Stücke schneiden. In einer trockenen Pfanne bei hoher Temperatur an-braten, bis alles eine schöne Farbe angenommen hat. Beiseitestellen.

… Ei mit Dashi-Pulver verrühren und in einer trockenen Teflonpfanne bei niedriger Temperatur wie einen Pfannkuchen braten. Deckel auflegen und die Platte ausschalten. Ist das Ei gestockt, in Streifen schneiden.

… Einen Wok erhitzen, Öl hineingeben und auf mittlere Temperatur reduzieren. Knoblauch, Schalotte, Currypulver und Kurkuma etwa 3 Minuten woken, bis es gut duftet.

… Reisnudeln zufügen und woken, bis sie sich voneinander trennen. Mit Salz, Zucker und MNG nach Belieben würzen.

… Gemüse und Ei dazugeben. Woken, bis alles warm ist und servieren.

Zha Jiang-Nudeln
炸酱面

Zha Jiang-Nudeln ist ein Nudelgericht, das in Ostasien sehr populär und gleichzeitig unverdienter-weise im Westen unbekannt ist. Nach Korea emigrierte es mit der chinesischen Militärmacht und wurde zu Jajangmyeon, und in Japan wird das Gericht Jajamen genannt und mit Ramen-Nudeln gegessen. Die chinesische Ursprungsversion kommt aus der Provinz Shandong, wurde jedoch inzwischen von den Pekingern adoptiert, die das Gericht als ihres betrachten. Und das sollten sie auch tun. Zha Jiang-Nudeln haben dasselbe leckere Geschmacksprofil wie Pekingente und sind schnell zu machen, gesund und leicht zu variieren – so gut wie alle Arten von Gemüse können in dünne Stifte geschnitten und zu den Nudeln serviert werden.

4 Portionen

4–5 getrocknete Shiitake-Pilze
35 g Douchi (fermentierte schwarze Bohnen)
1 Gurke
1 Ringelbete
1 Stange Lauch, weißer Teil
150 g Edamame-Bohnen
4 Handvoll frische Sojasprossen
Erdnussöl oder anderes Speiseöl
400 g Weizennudeln, gekauft oder selbst gemacht, siehe Seite 156

Sauce
2 EL Tianmianjiang (süße Bohnenpaste)
1 EL Huangdojiang (gelbe Bohnenpaste)
3 EL Shaoxing-Wein (alternativ trockener Weißwein, Sake oder Sherry)
1 EL helle Sojasauce
1 TL Zucker

ZUBEREITUNG

… Pilze mindestens 30 Minuten in etwa 300 ml Wasser einweichen.

… Pilze mit den fermentierten schwarzen Bohnen fein hacken, bis das Ganze aussieht wie vegetarisches Hack.

… Gurke schälen und entkernen, Ringelbete putzen und schälen und Lauch putzen. Alles in feine Stifte schneiden.

… Edamame-Bohnen kurz blanchieren. Die Sojasprossen abspülen und in kaltes Wasser legen, damit sie noch knackiger werden.

… Das Gemüse schön auf einem Teller anrichten. Die Zutaten für die Sauce in einer Schüssel vermischen.

… Einen Wok erhitzen, etwas Öl zufügen und das Veggie-Hackfleisch knusprig braten.

… Die Sauce zufügen und einkochen lassen.

… Die Nudeln kochen.

… Die Nudeln in Portionsschüsseln geben. Einen Klecks Veggie-Hack-fleisch mit Bohnensauce und reichlich Gemüse darüber geben. Vor dem Essen alles mit Essstäbchen gut vermischen.

Chow Mein

炒面

Chow Mein bedeutet wörtlich gebratene Nudeln, und das Gericht existiert in Unmengen von verschiedenen Variationen auf der ganzen Welt. Seinen Ursprung hat es jedoch in den Straßenküchen und Dai Pai Dongs von Hongkong. Hier wokt man die Nudeln meist mit Hühnchen oder Krabben – ich habe jedoch eine vegetarische Variante mit sehr vielen Zwiebeln und Frühlingszwiebeln daraus gemacht, um einen anderen kantonesischen Nudelklassiker nachzubilden: Chow Fun. Das Gericht, welches die Polizei Ostasiens, Singapur, verboten hat, weil man es als so lecker und ölig ansah, dass es die Volksgesundheit bedrohte.

4 Portionen

4 Knoblauchzehen
5 cm Ingwer
1 Zwiebel
4 Frühlingszwiebeln
100 g frische Sojasprossen
400 g Eiernudeln, gekauft oder selbst gemacht, siehe Seite 157
Erdnussöl (oder anderes Speiseöl)

Chow Mein-Sauce
1 EL dunkle Sojasauce
1 EL helle Sojasauce
1 EL süße Sojasauce
1 EL vegetarische Austernsauce
1 TL Zucker

ZUBEREITUNG

… Knoblauch abziehen, Ingwer schälen und beides reiben. 5 EL warmes Wasser mit den Zutaten für die Sauce verrühren.

… Zwiebel abziehen. Frühlingszwiebeln und Zwiebel in dünne Streifen schneiden.

… Sojasprossen am besten von dem kleinen, dünnen »Schwanz« befreien.

… Eiernudeln al dente kochen und mit kaltem Wasser abschrecken.

… Einen Wok erhitzen, Öl hineingeben und die Temperatur reduzieren. Knoblauch und Ingwer ein paar Sekunden woken.

… Die Nudeln zufügen und woken, bis sie sich voneinander trennen. Gemüse zufügen und die Sauce darübergießen. Alles erhitzen und vor dem Servieren ein paar Minuten braten.

MEHR NUDELN!

Wenn Sie Ihr Chow Mein in Chow Fun verwandeln wollen, ersetzen Sie einfach die Eiernudeln durch breite Reisnudeln für ein noch schlüpfrigeres Erlebnis. Doch am allerbesten wird es, wenn Sie im lokalen Asialaden frische Reisnudeln im Kühlregal finden.

Teehaus im People's park, Chengdu

Mapo Tofu

麻婆豆腐

Mapo Tofu ist das vielleicht ikonischste Gericht der szechuanischen Küche, und wenn Sie einmal eine anständige Version davon gegessen haben, ist es leicht zu verstehen, warum. Das Doubanjiang verleiht ihm Chilischärfe und tiefes Umami, der Szechuanpfeffer nimmt Sie am Kragen und schüttelt Sie, während der Tofu wie ein weiches, elastisches Kissen funktioniert, auf dem Ihre Geschmacksknospen sich zwischen den Bissen ausruhen können. Es ist ein geniales Gericht, und hier kommt meine einfache, aber verhältnismäßig authentische Version.

4 Portionen

4–5 getrocknete Shiitake-Pilze
35 g Douchi (fermentierte schwarze Bohnen)
600 g weicher Tofu
1 TL grüner Szechuanpfeffer
5 cm Ingwer
4 Knoblauchzehen
6 Stängel chinesischer Schnittlauch
4 EL kalt gepresstes Rapsöl
50 ml Doubanjiang (szechuanische Chili-Bohnen-Paste)
Salz und Zucker
1 EL Speisestärke, angerührt in 1 EL Wasser
Chiliöl, siehe Seite 15 (optional)

ZUBEREITUNG

… Pilze mindestens 30 Minuten in 300 ml Wasser einweichen.

… Pilze und Douchi fein hacken, bis das Ganze aussieht wie vegetarisches Hack. Den Wok mit etwas Öl erhitzen und das Hack knusprig anbraten. Beiseitestellen.

… Tofu in 2½ cm große Würfel schneiden. In leicht gesalzenem Wasser 10–15 Minuten köcheln lassen. Vom Herd nehmen und im Wasser liegen lassen.

… Szechuanpfeffer in einer trockenen Pfanne rösten. Fein mörsern.

… Ingwer schälen und reiben. Knoblauch abziehen und in dünne Scheiben schneiden. Schnittlauch waschen, trockenschütteln und in etwa 5 cm lange Stücke schneiden.

… Einen Wok erhitzen. Öl hineingeben und den Knoblauch kross woken. Doubanjiang und Ingwer zufügen.

… Tofu aus dem Wasser nehmen und in die Sauce geben. Anschließend etwa 200 ml des Tofuwassers zugießen. Mit Salz und Zucker abschmecken.

… Die in Wasser angerührte Speisestärke dazugeben und 1–2 Minuten köcheln lassen, bis die Sauce eindickt. Den Schnittlauch zufügen.

… Hack, Szechuanpfeffer und noch ein bisschen Chiliöl nach Belieben darüber geben. Mit Jasminreis und leckerem Blattgemüse servieren.

FAKTEN

Chinesischer Schnittlauch sieht aus wie eine kräftigere Schnittlauchsorte und ist im Asialaden erhältlich. Falls Sie keinen bekommen, gehen auch sehr dünne Frühlingszwiebeln.

Es ist auch wichtig, dafür zu sorgen, dass das Mapo Tofu nicht zu trocken wird, es sollte ziemlich saucig sein – also eventuell mit etwas mehr Wasser verdünnen.

Jing Jiang-Pilze

京酱蘑菇

Falls Sie an einem Dienstag Lust auf Pekingente haben und nicht bis Samstag warten wollen – und Vegetarier sind – empfehle ich Ihnen, die vegetarische Version von Jing Jiang Ruo Sin zu machen, Pilzstreifen mit Pekingentensauce. Dieses leckere klassische Alltagsgericht ist das Lieblingsessen vieler Kinder, schmeckt wie Pekingente, wird auf die gleiche Art gegessen, und da man fein geschnittene Pilze verwendet, kann man es in wenigen Minuten zubereiten.

4 Portionen

20 gekaufte oder selbst gemachte Chunbing (chinesische Pfannkuchen), siehe Seite 144
300 g Kräuterseitlinge (alternativ andere große Pilze)
1 Gurke
6 dicke Frühlingszwiebeln
5 cm Ingwer
3 Knoblauchzehen
Erdnussöl (oder anderes Speiseöl)

Sauce
2 EL Tianmianjiang (süße Bohnenpaste)
1 EL Huangdojiang (gelbe Bohnenpaste)
3 EL Shaoxing-Wein (alternativ trockener Weißwein, Sake oder Sherry)
1 EL helle Sojasauce
1 TL Zucker

ZUBEREITUNG

… Die chinesischen Pfannkuchen zubereiten, falls Sie sie selbst machen wollen.

… Pilze putzen, in dünne Scheiben und dann in etwa ½ cm dicke Streifen schneiden.

… Gurke waschen, entkernen und in dünne Stifte schneiden. Frühlingszwiebeln in feine Streifen schneiden. Gurke und Frühlingszwiebeln auf einem Teller anrichten.

… Ingwer schälen, Knoblauch abziehen und beides reiben.

… Die Zutaten für die Sauce miteinander verrühren.

… Einen Wok erhitzen, Pilze hineingeben und trocken braten, bis sie entwässert sind.

… Etwas Öl, Knoblauch und Ingwer zufügen und knusprig braten.

… Die Zutaten für die Sauce darübergießen und einkochen lassen.

… Etwas Pilzmasse auf einen chinesischen Pfannkuchen legen, Gurken- und Frühlingszwiebelstreifen dazugeben und wie einen chinesischen Wrap essen.

Obwohl Chunbing im Westen als Pfannkuchen bezeichnet wird, sind sie eher wie hauchdünne Weizentortillas. Am besten wird das Gericht, wenn Sie sie selbst machen. Fühlen Sie sich frei, jegliche Art von Gemüse dazu zu servieren – es ist die Kombination aus hauchdünnen Pfannkuchen, umamireichen Pilzen und viel fein geschnittenem Gemüse, die dieses Gericht ausmacht.

Drei Gemüse

地三鲜

Di San Xiang ist ein populäres veganes Studentengericht aus Dongbei im Nordosten von China. Der Name bedeutet »drei Schätze der Erde« und bezieht sich auf die drei häufigsten und günstigsten Gemüsesorten auf chinesischen Märkten: Kartoffel, Aubergine und Paprika. Trotz der einfachen Zutaten entsteht reine Magie, wenn die knusprige Kartoffel, die cremige Aubergine und die knackige Paprika sich in der knoblauchigen Sauce treffen.

2–3 Portionen	
3 festkochende Kartoffeln	
5 Knoblauchzehen	
3 cm Ingwer	
1 Frühlingszwiebel	
3 Sivri-Paprikaschoten	
1 Aubergine	
Salz	
Öl zum Frittieren	
2 EL Speisestärke	
1 EL Shaoxing-Wein (alternativ trockener Weißwein, Sake oder Sherry)	
1 EL helle Sojasauce	
½ TL Zucker	
½ TL dunkle Sojasauce	
1 Prise MNG (optional)	
1 EL Speisestärke, angerührt in 1 TL Wasser	
1 EL Sesamöl	

ZUBEREITUNG

… Kartoffeln schälen und in mundgerechte Stücke schneiden. 1–2 Minuten abspülen, um die Stärke zu entfernen, und bis zur Zubereitung in kaltes Wasser legen.

… Knoblauch abziehen, Ingwer schälen und beides reiben. Frühlingszwiebel fein hacken.

… Paprika waschen, von Stiel und Kernen befreien, Aubergine waschen. Beides in ebensogroße Würfel wie die Kartoffeln schneiden. Die Aubergine salzen.

… Bei mittlerer Temperatur etwas Öl im Wok erhitzen und die Kartoffeln frittieren, bis sie gar und knusprig sind. Auf einem Gitter oder einem Küchenpapier abtropfen lassen.

… Das Salz von den Auberginenwürfeln abspülen und diese in Speisestärke wälzen. Die Temperatur des Öls erhöhen und die Würfel darin frittieren, bis sie außen kross und innen weich sind. Abtropfen lassen.

… Das Öl auf maximale Temperatur erhitzen und die Paprikastücke blitzschnell frittieren. Sie sollen nur kurz durchs Öl gezogen werden. Abtropfen lassen.

… Den Großteil des Öls wegschütten, 1–2 Esslöffel des restlichen Öls erhitzen und Knoblauch, Ingwer und Frühlingszwiebel hineingeben.

… Shaoxing-Wein zugießen. ½ TL Salz, helle Sojasauce, Zucker, dunkle Sojasauce und MNG nach Belieben hinzufügen.

… Die angerührte Speisestärke hineingeben und warten, bis die Sauce einzudicken beginnt. Dann Paprika und Aubergine zufügen.

… Mit Sesamöl beträufeln und mit einer Schüssel frisch gekochtem Jasminreis servieren.

Goldmünzeneier

金钱蛋

Ich wünschte, ich hätte dieses Rezept in den Neunzigerjahren gekannt, als ich mich von Tiefkühl-Pommes und Spiegeleiern ernährte und davon träumte, so cool zu sein wie die Straight Edge-Veganer, obwohl ich nicht genug Charakter hatte, um auf Eier und Käse zu verzichten. Wenn Sie auch Eier essen, empfehle ich Ihnen wirklich, dieses Eiergericht aus Hunan auszuprobieren, schärfer und mehr hardboiled als ein Donald Ray Pollock-Roman.

Zutaten	Zubereitung
2 Portionen	… Wasser in einem Topf aufkochen und die Eier hineinlegen. 9 Minuten kochen und dann mit kaltem Wasser abschrecken. Bis zum Essen im Kühlschrank aufbewahren.
4 Eier	
4 Knoblauchzehen	… Knoblauch abziehen, Ingwer schälen und beides fein hacken.
5 cm Ingwer	… Frühlingszwiebeln in Streifen schneiden.
2 Frühlingszwiebeln	
55 g Speisestärke	… Die Eier pellen und in 1 ½ cm dicke Scheiben schneiden. In Speisestärke wenden.
100 ml Erdnussöl	
2 EL Chiliflakes	… Das Öl in einem Wok bei mittlerer Temperatur erhitzen. Die Eier hineingeben und 3–4 Minuten woken, bis sich das Eigelb mit dem Öl vermischt und es schön zu brodeln beginnt.
1 EL Shaoxing-Wein (alternativ trockener Weißwein, Sake oder Sherry)	
1 EL helle Sojasauce	… Chiliflakes, Knoblauch und Ingwer hinzufügen und ein paar Sekunden woken, dann Shaoxingwein und Sojasauce zugießen.
	… Mit Frühlingszwiebeln bestreuen und mit frisch gekochtem Jasminreis sowie einem Gemüsegericht servieren.

FAKTEN

Ich habe mich dafür entschieden, ein paar Eiergerichte mit in dieses Buch aufzunehmen, da viele Vegetarier trotz allem Eier essen, und wenn nicht, kann man sie einfach weglassen und an den Rezepten vorbei blättern. Nachdem man in der chinesischen Küche nicht so viele Milchprodukte verwendet, sind die meisten Rezepte ansonsten vegan – bis auf sämtliche Desserts, die selbst gemachten Eiernudeln sowie die Tomaten mit Ei auf Seite 45, die Singapur-Nudeln auf Seite 49, der Golden Fried Rice auf Seite 91 und die Jiaozi-Füllung auf Seite 121.

Twice Cooked Potatoes

回锅土豆

Als die älteste Frau von Chengdu, die 117-jährige Zhu Zhengshi, gefragt wurde, was das Geheimnis ihres hohen Alters ist, antwortete sie, es sei Twice Cooked Pork zu essen – dreimal am Tag. In dieser vegetarischen Variante des beliebtesten Alltagsgerichts von Szechuan ersetzen wir das Fleisch jedoch ganz einfach durch kross gebratene Kartoffeln und hoffen auf ein langes Leben.

2 Portionen

200 g festkochende Kartoffeln
3 Stängel chinesischer Schnittlauch
(alternativ Frühlingszwiebeln)
2 grüne Sivri-Paprikaschoten
1 EL grüner Szechuanpfeffer
5 cm Ingwer
3 Knoblauchzehen
Erdnussöl (oder anderes Speiseöl)
1½ EL Doubanjiang (szechuanische
Bohnen-Chili-Paste)
½ EL Douchi (fermentierte
schwarze Bohnen)
1 TL Zucker
1 TL dunkle Sojasauce
1 Prise MNG (optional)

ZUBEREITUNG

… Kartoffeln schälen, in dünne Scheiben schneiden und in Wasser legen.

… Schnittlauch waschen, trockenschütteln und in etwa 5 cm lange Stücke schneiden.

… Paprika waschen, von Stiel und Kernen befreien und in Streifen schneiden.

… Szechuanpfeffer rösten und zu einem feinen Pulver mörsern.

… Ingwer schälen und reiben, Knoblauch abziehen und in dünne Scheiben schneiden.

… Etwas Öl auf etwa 180 °C erhitzen und die Kartoffelscheiben frittieren, bis sie knusprig sind. Auf Küchenpapier abtropfen lassen.

… Knoblauch einige Sekunden woken, bis er kross ist. Doubanjiang, Douchi und Ingwer hinzufügen.

… 3 EL Wasser, Zucker, Sojasauce und MNG nach Belieben dazugeben.

… Schnittlauch und Paprika zufügen und 30 Sekunden woken.

… Kartoffeln untermischen, mit Szechuanpfeffer bestreuen und mit frisch gekochtem Reis und einem Gemüsegericht servieren.

SMARTE SACHE

Das Gemüse, das der grünen frischen Chili, wie man sie in Szechuan findet, vielleicht am meisten ähnelt, ist die türkische Sivri-Paprika. Man kann jedoch auch andere milde grüne Chilischoten verwenden, beispielsweise Poblano, Pimientos de Padron oder mildere Jalapeños. Na ja, und ich nehme an, eine Spitzpaprika geht zur Not auch.

Grundkurs in chinesischem Tofu und veganem Fleischersatz

DIE ERSTEN VEGANEN FLEISCHERSATZPRODUKTE der Welt wurden in China erfunden. Als vor ungefähr 2 500 Jahren der Buddhismus nach China kam, begannen die Mönche das chinesische Essen an einen vegetarischen Lebensstil anzupassen. Sie erfanden das fleischige Weizengluten Seitan, entwickelten den Tofu und sie würzten, räucherten und rollten viele dünne Scheiben Tofu, die sie dann mit einer Schnur zusammenknoteten, dämpften und anschließend frittierten, bis sie ein vollkommen veganes Gericht zustande bekamen, das eine knusprige Haut und ein fleischiges Inneres hatte, ein bisschen wie eine Pekingente. Das war ziemlich pfiffig. Noch heute findet man dieses Gericht in asiatischen Lebensmittelläden unter dem Namen »Mock Duck«. Aber auch wenn viele chinesische vegane Fleischersatzprodukte ein Handwerk und eine Kunst für sich sein können, schmecken die meisten Halbfertigprodukte ziemlich scheußlich. Während der Arbeit an diesem Buch habe ich die meisten getestet, von Mock Duck, Mock Chicken und Mock Abalone bis zu Weizengluten in weißer Sauce, Seitanschinken und tiefgefrorenem Konjakprotein in Garnelenform mit Panko-Kruste.

Nichts davon hielt, was es versprach. Mit einer Ausnahme natürlich: Tofu.

Der Tofu ist eine ziemlich schlaue Erfindung, wie man schnell einsieht, wenn man ihn mal kurz nicht als selbstverständlich betrachtet. Er ist lecker, er ist leicht zuzubereiten und zu variieren, und er ist eine geniale Art, die nahrhafte, proteinreiche Sojabohne so zu behandeln, dass sie nicht mehr schädlich für uns Menschen ist (auch wenn ich weiß, dass es darüber unterschiedliche Ansichten gibt). In China ist Tofu eine unglaublich regionale Ware, bei der Angebot und Namen sich in verschiedenen Gegenden enorm unterscheiden, während man im Westen meist auf zwei Sorten stößt: normaler Tofu, der aus Nigari gemacht und in unterschiedliche Härtegrade gepresst wird, von weich bis zu fest. Und Seidentofu, der mit lebensmittelechtem Calciumsulfat als Flockungsmittel gemacht wird, und bei dem die Festigkeit davon abhängt, wie viel Sojaprotein verwendet wird.

Ganz generell kann man sagen, dass man einen festeren Seidentofu oder einen weichen Nigaritofu für Suppen, Eintöpfe und zum Frittieren verwendet, während fester Tofu die richtige Wahl ist, wenn man ihn knusprig braten will. Im Internet gibt es Unmengen an Varianten, wie man festen Tofu noch »fleischiger« bekommt, indem man ihn einfriert und presst, und ich kann Ihnen verraten, dass alle Humbug sind. Fester Tofu ist immer am besten, wenn man ihn direkt aus der Packung brät – in den meisten Fällen braucht man ihn nicht einmal in Speisestärke zu wenden.

Gewokter Tofu

香豆腐

Jeder braucht manchmal etwas, das man einfach aus dem Kühlschrank holen, schnell braten und dann vor dem Fernseher essen kann, bevor es Zeit ist, den Rest des Tages in Angriff zu nehmen. Hier sind zwei solche Gerichte. In Scheiben geschnittenen festen Tofu knusprig zu braten und mit ein bisschen Chiligewürz und Frühlingszwiebeln zu würzen ist ein beliebtes Streetfood-Gericht aus Xian namens Tieban Tofu, gebratener Tofu. Frische Tofublätter, sogenannter Tofu Pi, sind eine frische Variante der getrockneten Tofublätter (siehe Bild auf Seite 66), die man gut in Scheiben schneiden und in Salaten essen oder woken kann. Man findet sie im Asialaden vakuumverpackt im Kühlregal.

4 Portionen

Tieban Tofu
300 g fester Tofu
1 Bund Koriander
2 Frühlingszwiebeln
1 EL vegetarische Austernsauce
1 TL helle Sojasauce
2 EL Erdnussöl (oder anderes Speiseöl)
Xinjiang-Gewürz, siehe Seite 102

Tofu Pi
1 EL Shaoxing-Wein (alternativ trockener Weißwein, Sake oder Sherry)
2 EL helle Sojasauce
½ TL Zucker
½ TL Sesamöl
3 cm Ingwer
3 Knoblauchzehen
3 frische Tofublätter
300 g chinesischer Schnittlauch (alternativ Frühlingszwiebeln)
2 EL Erdnussöl (oder anderes Speiseöl)

ZUBEREITUNG

Tieban Tofu

… Tofu aus der Packung nehmen und auf Küchenpapier etwa 10 Minuten abtropfen lassen.

… Koriander waschen und trockenschütteln. Frühlingszwiebeln und Koriander fein hacken. Sojasauce und Austernsauce vermengen.

… Tofu in etwa ½ cm dicke Scheiben schneiden und in Öl braten, bis er überall goldbraun ist. Mit der Sojamischung bestreichen.

… Die Gewürzmischung darüber verteilen, mit Koriander und Frühlingszwiebeln bestreuen und mit frisch gekochtem Jasminreis und einem Gemüsegericht servieren.

Tofu Pi

… Shaoxing-Wein, Sojasauce, Zucker und Sesamöl vermengen.

… Ingwer schälen und in feine Stifte schneiden. Knoblauch abziehen und reiben. Die frischen Tofublätter in Streifen schneiden. Schnittlauch waschen, trockenschütteln und in 10 cm lange Stücke schneiden.

… Einen Wok erhitzen, Öl hineingeben und die Temperatur etwas reduzieren.

… Ingwer und Knoblauch woken. Tofu zufügen und woken, bis er Farbe angenommen hat.

… Schnittlauch dazugeben und woken, bis er weich ist.

… Die Sauce darübergießen und mit frisch gekochtem Jasminreis servieren.

Gong Bao-Tofu

宮保豆腐

Das berühmte szechuanische Hühnchengericht Gong Bao Chicken gibt es in mehreren Versionen unter vielen verschiedenen Namen. Der ursprüngliche Name ist Gōngbao Ji Ding, »Hühnchen des Kaiserpalastwächters«, was jedoch während der Kulturrevolution aufgrund der imperialistischen Assoziationen des ursprünglichen Namens in Hongbao Ji Ding, »Kurzgebratene Hühnchen-würfel«, umgeändert wurde. Die klassische szechuanische Version ist jedoch die beste, und lässt sich so einfach mit Tofu machen.

2–3 Portionen

400 g fester Tofu
6 dicke Frühlingszwiebeln
12–15 getrocknete Chilischoten
2 Knoblauchzehen
5 cm Ingwer
3 EL Erdnussöl (oder anderes Speiseöl)
1 TL Szechuanpfeffer
1 EL Sesamöl
70 g geröstete Erdnüsse

Sauce
1 EL Zucker
1 EL chinesischer schwarzer Essig, z. B. Chinkiang
1 TL dunkle Sojasauce
1 TL helle Sojasauce

ZUBEREITUNG

… Tofu in ca 1 ½ cm x 1 ½ cm große Würfel schneiden.

… Frühlingszwiebeln in etwa 1 cm lange Stücke schneiden. Die getrock-neten Chilischoten in etwa 1 cm lange Stücke schneiden und von Kernen befreien. Den Knoblauch abziehen, den Ingwer schälen und beides reiben.

… 1 EL Wasser und die Zutaten für die Sauce miteinander vermischen.

… Tofu bei mittlerer Temperatur in etwas Öl braten, bis alle Seiten Farbe an-genommen haben und knusprig geworden sind. Beiseitestellen.

… Einen Wok erhitzen, Öl hineingeben und schwenken. Die Temperatur reduzieren. Chilischoten und Szechuanpfeffer ein paar Sekunden woken, sodass das Öl Geschmack annimmt – aber die Chilischoten dabei nicht verbrennen.

… Knoblauch, Ingwer und Frühlingszwiebeln hineingeben und vermischen.

… Die Sauce zufügen und aufkochen lassen, anschließend Sesamöl und Nüsse dazugeben. Mit frisch gekochtem Reis und einem Gemüsegericht servieren.

FAKTEN

Der Schlüssel zu einem gelungenen Gong Bao ist, alle Zutaten in ungefähr dieselbe Größe und Form zu schneiden. Das gilt bei chinesischem Essen fast immer. Die getrockneten Chilischoten sind eigentlich nicht zum Essen gedacht. Sie sind dazu da, das Gericht zu aromatisieren und ihm eine schöne Farbe zu geben.

Nom Wah Teesalon in Chinatown,
New York

With kindness you'll get
eveyhing tomorrow

Echt unauthentisches amerikanisch-chinesisches Take-away-Essen selbst gemacht

SIE KENNEN DIE SITUATION: Es herrscht eine diplomatische Krise mit Russland, alternativ müssen Sie 5 000 Umzugskisten nach einem alten obskuren Gerichtsfall durchsuchen, der möglicherweise einen Freispruch für Ihren Klienten erwirken kann. In jedem Fall wird es eine lange Nacht in der Staatskanzlei/dem Anwaltsbüro werden, also ziehen Sie Ihr Sakko aus, krempeln die Hemdsärmel hoch und bitten Ihren Assistenten, ein bisschen chinesisches Essen zu holen. In den frühen Morgenstunden, wenn Sie mit den Füßen auf dem Tisch dasitzen und in der viereckigen weißen Pappschachtel mit rotem Aufdruck nach den letzten Chow Mein-Nudeln herumstochern, entdecken Sie plötzlich ein Blatt Papier, das auf den Boden gefallen ist. Es ist die Lösung des Falls.

Nein, keine andere Art von Essen signalisiert mehr das Gefühl, die Krawatte zu lockern und die Hemdsärmel hochzukrempeln als amerikanisch-chinesisches Take-away, das direkt aus der Schachtel gegessen wird. Ikonische Take-away-Szenen gibt es sowohl in Filmen, wie *Die Firma*, *Manhattan* und *Eine Frage der Ehre*, als auch in TV-Serien wie *The West Wing*, *The Americans* und jeder einzelnen Sitcom, die je gemacht wurde. Der Grund ist natürlich, dass es eine einfache Art ist zu zeigen, dass die Charaktere 1. hart arbeiten, 2. unter Zeitdruck und 3. normale, bescheidene Menschen wie du und ich sind.

China-Take-away direkt aus der Schachtel zu essen macht eine Figur charakterlich nämlich sofort nachvollziehbar.

Auch wenn man in den USA im Allgemeinen und in New York im Besonderen inzwischen authentisches chinesisches Essen aus sämtlichen Präfekturen des Landes essen kann, sollte man diese Art von altmodischem echt unauthentischem amerikanischem China-Take-away nicht unterschätzen. Als eingewandertes kantonesisches Essen auf klassisch amerikanisches Fast Food traf, entstand ganz einfach eine Promenadenmischung, die man nur lieben kann.

Bei einem USA-Besuch einen Abend im Hotelzimmer zu bleiben, ein bisschen China-Take-away zu bestellen und vor einer Fernsehsendung zu essen, in der die Figuren mit größter Wahrscheinlichkeit genau das gleiche Gericht essen wie Sie, ist auf jeden Fall ein USA-Erlebnis, das man nicht verpassen sollte. Auf den folgenden Seiten können Sie es für zu Hause nachbilden.

ORANGE CAULIFLOWER

SESAME CAULIFLOWER

GENERAL TSO'S CAULIFLOWER

Frittierter Take-away-Blumenkohl

炸菜花

Fritterter Blumenkohl, Grundrezept

Blumenkohlröschen eignen sich perfekt zum Frittieren: Sie sind lecker, haben eine gute Konsistenz und werden hübsche Nuggets. Dies ist zwar keine besonders chinesische Methode, aber ich verwende sie, weil der Wodka die Glutenbildung verhindert und beim Frittieren verdunstet – beides zusammen sorgt für rekordverdächtige Knusprigkeit.

4 Portionen

1 Blumenkohl
55 g Speisestärke
60 g Weizenmehl
100 ml Wodka
1 TL Backpulver
1 TL Salz
Frittieröl

ZUBEREITUNG

… Blumenkohl waschen und in etwa 2 x 2 cm große Röschen zerteilen.
… Speisestärke, Mehl, Wodka, 50 ml eiskaltes Wasser, Backpulver und Salz zu einem Frittierteig verrühren.
… Frittieröl auf 180 °C erhitzen.

… Blumenkohl frittieren: Zuerst in den Teig tauchen, dann ins Öl geben. Nicht zu viele Röschen gleichzeitig, sonst reduziert sich die Temperatur des Öls.
… Frittieren, bis die Röschen goldbraun und knusprig sind. Anschließend auf Küchenpapier abtropfen lassen.

Orange Cauliflower

Das Geheimnis des runden, cremigen Orangengeschmacks dieses amerikanischen Take-away-Klassikers ist … Lion Custard Powder. Und das ist noch nicht einmal eine kulturlose amerikanische Erfindung, sondern hat in der Tat seinen Ursprung in Guangzhou.

4 Portionen

2 Knoblauchzehen
5 cm Ingwer
1 unbehandelte Orange
1 EL Speisestärke, angerührt in 1 EL Wasser
Erdnussöl (oder anderes Speiseöl)
2 TL Instant-Brühe
2 EL Zucker
½ TL Salz
1 EL Lion Custard Powder (online erhältlich, alternativ Vanillepuddingpulver)
1 frittierter Blumenkohl, siehe linke Spalte

ZUBEREITUNG

… Knoblauch abziehen, Ingwer schälen und beides reiben. Die Schale der Orange abreiben und den Saft auspressen.

… Einen Wok erhitzen, Öl hineingeben und schwenken. Die Temperatur reduzieren. Ingwer und Knoblauch woken, bis sie weich, aber nicht braun sind.
… Die anderen Zutaten für die Sauce und 50 ml Wasser zufügen und einkochen lassen, bis die Masse schön zähflüssig ist.

... Den frittierten Blumenkohl in den Wok geben und rütteln, bis alles von der Sauce bedeckt ist.

... Am besten mit einer Orangenscheibe dekorieren, das Auge isst mit. Mit Reis und einem Gemüsegericht nach Wahl servieren.

Sesame Cauliflower

Mögen Sie eine nussige, süßlich-salzige, klebrige, beinahe karamellige Sauce zu Frittiertem? Dann müssen Sie dieses echt unauthentische amerikanische Chinarestaurantgericht einfach probieren!

4 Portionen

Erdnussöl (oder anderes Speiseöl)
2 EL brauner chinesischer Zucker
1 EL Honig
3 EL helle Sojasauce
3 EL Butter
1 EL Reisessig
1 frittierter Blumenkohl, siehe Seite 78
1 EL Sesamöl
2 EL Sesamsamen

ZUBEREITUNG

... Einen Wok erhitzen, etwas Öl hineingeben und schwenken. Die Temperatur reduzieren.

... Bis auf Sesamöl und Sesamsamen alle Zutaten für die Sauce und 3 EL Wasser zufügen und einkochen lassen.

... Den frittierten Blumenkohl in den Wok geben und rütteln, bis die Sauce den Blumenkohl ganz bedeckt.

... Sesamöl und Sesamsamen dazugeben, rütteln und mit Reis und einem Gemüsegericht nach Wahl servieren.

General Tso's Cauliflower

General Tso's ist eines dieser chinesischen Gerichte, von denen man in China nie gehört hat – es ist eine echte amerikanisch-chinesische Schöpfung. Wenn der knusprige Frittierteig von der süßsauren Sauce bedeckt ist, schafft das die ziemlich unbekannte, aber hochgeschätzte Konsistenz CGS – crispy gone soggy – die man auch bekommt, wenn man französische Zwiebelsuppe oder Tempura in Nudelsuppe isst.

4 Portionen

3 Knoblauchzehen
5 cm Ingwer
3 Frühlingszwiebeln
1 EL Speisestärke, angerührt in 1 EL Wasser
Erdnussöl (oder anderes Speiseöl)
15 getrocknete Chilischoten
1 EL Instant-Brühe
2 EL helle Sojasauce
2 EL brauner chinesischer Zucker
1 TL Reisessig
1 frittierter Blumenkohl, siehe Seite 78

ZUBEREITUNG

... Knoblauch abziehen, Ingwer schälen und beides reiben.

... Frühlingszwiebeln in 3 cm große Stücke schneiden.

... Einen Wok erhitzen, Öl hineingeben und schwenken. Die Temperatur reduzieren. Chilischoten und Frühlingszwiebeln zufügen, sodass das Öl ihren Geschmack annimmt, aber nicht verbrennen lassen.

... Ingwer und Knoblauch zufügen und woken, bis sie weich, aber nicht braun sind.

... Die übrigen Zutaten und 100 ml Wasser dazugeben und einkochen lassen. Den frittierten Blumenkohl in den Wok geben und rütteln, bis er von Sauce bedeckt ist. Mit Reis und einem Gemüsegericht nach Wahl servieren.

So wird's besonders knusprig

Alles, was man frittiert, wird noch knuspriger, wenn man es zuerst einfriert. Wenn man den Blumenkohl für ein Abendessen in der Woche oder als Teil des Wochenend-Festessens vorbereiten will, macht man es am besten so: Den Blumenkohl und den Teig nach Rezept vorbereiten und frittieren, bis er zu 80 Prozent fertig ist. Auf einem Tablett ausgebreitet vorfrieren und dann in einen Gefrierbeutel umfüllen. Vor dem Essen einen Beutel herausnehmen und 1 Stunde auftauen lassen, dann die Stücke fertig frittieren.

Tofu mit Broccoli

豆腐芥蘭

Die ersten fünf Male, als ich in den Neunzigerjahren in New York war, hatte ich exakt dieselbe Routine. Ich nahm alles aus der Minibar heraus und ging dann runter in die Kneipe vor dem heruntergekommenen Hotel am Madison Square Park und kaufte ein paar Olde English Malt Liquors, mit denen ich den Kühlschrank füllte. Dann nahm ich eine der abgegriffenen Bringservice-Speisekarten, die am Eingang lagen, und rief dort an. Während ich auf mein Essen wartete, nippte ich an meinem Forty und fühlte mich schätzungsweise 400 Mal cooler, als ich eigentlich war. Noch heute kann ich dieses Gericht nicht essen, ohne dabei an das schwindelerregende Gefühl zu denken, Seinfeld in Echtzeit zu sehen, Wu Tang-Singles bei A1 Records zu kaufen und Cloë Sevigny im X-Girl-Laden in der Lafayette Street zu sehen.

4 Portionen	**Z** ... Tofu in etwa ½ cm dicke Scheiben und dann in mundgerechte Stücke
	U schneiden.
400 g fester Tofu	**B** ... Kai-lan waschen und trockenschütteln. Quer in drei Teile schneiden, je
400 g Kai-lan (chinesischer Broccoli)	**E** näher Sie dem Strunk kommen, desto kleiner.
2 Knoblauchzehen	**R** ... Knoblauch abziehen, Ingwer schälen und beides reiben. Austernsauce
5 cm Ingwer	**E** und Shacha-Sauce abmessen.
2 EL vegetarische Austernsauce	**I**
1 EL vegetarische Shacha-Sauce,	**T** ... Tofu auf mittlerer Stufe in etwas Öl braten, bis beide Seiten Farbe
z. B. Bullhead Barbecue Sauce	**U** angenommen haben und knusprig sind. Beiseitestellen.
Erdnussöl (oder anderes Speiseöl)	**N** ... Einen Wok erhitzen, Öl hineingeben und schwenken. Die Temperatur
Sojasauce (optional)	**G** reduzieren. Ingwer und Knoblauch ein paar Sekunden woken, dann den
	Broccoli dazugeben – zuerst den härteren Strunk und zum Schluss die
	Blätter.
	... Austernsauce, Shacha-Sauce und ein paar EL Wasser zufügen, sodass
	sie sich leichter auflösen.
	... Den Tofu hineingeben und nach Belieben mit Sojasauce abschmecken.
	... Mit frisch gekochtem Jasminreis und, wenn Sie einen ergattern können,
	eiskaltem Forty servieren.

Cashew Tofu

腰果豆腐

Das typischste amerikanisch-chinesische Gericht von allen dürfte Cashew Chicken sein. Der Legende nach wurde es von dem Koch Lavid Leong aus Missouri 1963 erfunden, als er versuchte, exotisches kantonesisches gewoktes Hühnchen mit einer altbekannten Bratensauce aus dem mittleren Westen zu kombinieren. Das Resultat war ein solider (und sehr leckerer) amerikanisch-chinesischer Klassiker, der schnell so beliebt wurde, dass er sich auch auf die Speisekarten europäischer Chinarestaurants stahl. Hier ist die vegetarische Version.

4 Portionen

400 g fester Tofu
5 Knoblauchzehen
3 Scheiben Ingwer
1 Zwiebel
5 Sivri-Paprikaschoten
(alternativ Spitzpaprika)
Erdnussöl (oder anderes Speiseöl)
1 EL Speisestärke,
angerührt in 2 EL Wasser
50 g Cashewkerne

Sauce
2 EL vegetarische Austernsauce
1 ½ EL helle Sojasauce
1 EL Sesamöl
1 EL chinesischer schwarzer Essig,
z. B. Chinkiang
2 TL Instant-Brühe
1 TL Zucker

ZUBEREITUNG

… Tofu in etwa 2 x 2 cm große Würfel schneiden.

… Knoblauch abziehen, Ingwer schälen und beides reiben.

… Zwiebel abziehen. Paprika waschen und von Stiel und Kernen befreien. Beides in ungefähr gleich große Stücke schneiden.

… Die Zutaten für die Sauce und 100 ml Wasser vermischen.

… Tofu bei mittlerer Temperatur in etwas Öl braten, bis beide Seiten goldbraun und knusprig sind. Beiseitestellen.

… Einen Wok erhitzen, Öl hineingeben und schwenken. Die Temperatur reduzieren. Knoblauch und Ingwer kurz woken. Anschließend Zwiebel und Paprika zufügen und unter Rühren bei hoher Temperatur woken.

… Die Sauce zugießen und aufkochen lassen. Den Tofu hineingeben, Speisestärke zufügen und eindicken lassen.

… Cashewkerne untermischen und mit frisch gekochtem Jasminreis und am besten noch einem chinesischen Gemüsegericht servieren.

Wollen Sie eine vegetarische Version eines anderen europäischen Chinarestaurantklassikers machen – Rindfleisch mit Zwiebeln? Lassen Sie die Cashewkerne, die Paprika und den schwarzen Essig weg und verdoppeln Sie stattdessen die Zwiebelmenge. Mit ein paar zusätzlichen Schüssen vegetarischer Austernsauce würzen und zu Reis und einem Glas kalter Milch servieren.

Gebratener Reis mit dem, was gerade im Kühlschrank ist

DAS LEBEN BESTEHT nicht immer nur aus handgebrautem IPA, Za'atar-Fladenbrot und dem Genuss von Vorspeisen mit namentlich genannten Karottenzüchtern in Naturweinbars. Manchmal besteht es auch aus Resteessen und Kühlschrankausmisten. Wenn Sie keine Lust haben, den Gürtel auch nur im Geringsten enger zu schnallen, gibt es aber ein Resteessen, das wie ein Festessen schmeckt: gebratener Reis. Gebratener Reis ist ein chinesischer Alltagsklassiker und meistens kein fixiertes Rezept, sondern eine Methode – das heißt, Sie können es mit allem machen, was Sie gerade im Kühlschrank haben.

Eier braten

Ein guter gebratener Reis beginnt mit dem Ei. Rechnen Sie mit einem pro Person und braten Sie es auf die einfachste Art: etwas Öl in den Wok geben, die Eier hinein schlagen und sie heiß und schnell braten; dabei mit dem Pfannenwender zu Rührei zerkleinern. Hier sind keine Finessen nötig. Veganer können diesen Schritt überspringen.

Reis zufügen

Das Wichtigste an gebratenem Reis ist, dass die Reiskörner sich voneinander lösen und keinen feuchten homogenen Klumpen bilden. Das erreicht man, indem man beim Braten Hitze zuführt und Reis vom Vortag verwendet, der im Kühlschrank getrocknet ist – asiatische Reiskenner behaupten, der Reis werde immer besser, bis er drei Tage alt ist. Den Reis braten Sie, indem Sie ihn abwechselnd herunterdrücken und mit dem Bratenwender auflockern, bis die Reiskörner sich voneinander trennen und mit dem Ei vermischen.

Gemüse dazugeben

Wenn Sie Kai-lan, ein paar Frühlingszwiebeln und eine Karotte zu Hause haben, herzlichen Glückwunsch, Ihre Arbeit als Koch für gebratenen Reis ist einfach. Aber man kann auch mit einer gekochten Kartoffel und einer halben Aubergine kreativ werden. Alle Zutaten werden allerdings immer in kleine Würfel geschnitten, bevor sie unter den Reis gemischt werden, und rohe Zutaten müssen natürlich vorher gewokt werden.

Würzen

Sojasauce schmeckt selbstverständlich sehr gut mit Reis, macht ihn aber braun und feucht, also sind trockene, farblose Gewürze besser: Ich nehme immer eine Basis aus Zucker, Salz und Instant-Brühe, um dann für mehr Umami noch ein bisschen MNG oder vegetarisches Dashi-Pulver hinzuzufügen. Weil ein guter gebratener Reis ein bisschen ölig, aber nicht fetttriefend ist, versuche ich, den Reis mit so wenig Öl wie möglich zu braten und stattdessen zum Schluss Sesamöl darüber zu geben, um auf diese Art die Fettmenge zu kontrollieren.

YANGZHOU FRIED RICE

SATAY FRIED RICE

GOLDEN FRIED RICE

Drei Sorten gebratener Reis

炒饭

Yangzhou Fried Rice

Die Mutter aller gebratenen Reisgerichte heißt Yangzhou Fried Rice – das ursprüngliche Reisgericht mit Ei, das es auf so gut wie jeder chinesischen Speisekarte rund um den Globus gibt. Und das mit einem traditionellen großen Glas eiskalter Vollmilch lange meine Standardbestellung nach einer durchzechten Nacht war. Traditionell wird das Gericht mit luftgetrocknetem Schinken, Hühnchen und Krabben gemacht – aber auch nur mit Gemüse funktioniert es wunderbar. Yangzhou ist eine Stadt gleich nördlich von Shanghai, die dafür bekannt ist, dass sie viele der avancierten Schneidetechniken der chinesischen Küche entwickelt hat, weshalb es besonders wichtig ist, alle Zutaten hübsch, sorgfältig und in gleich große Vierecke zu schneiden, wenn Sie dieses Gericht machen.

4 Portionen

3 getrocknete Shiitake-Pilze
1 kleine Karotte
4 Frühlingszwiebeln
Erdnussöl (oder anderes Speiseöl)
3 Eier
800 g gekochter Jasminreis, am besten vom Vortag
2 TL Zucker
Salz
2 TL Instant-Brühe
1 Prise MNG (optional)
35 g gefrorene grüne Erbsen
2 TL Sesamöl

ZUBEREITUNG

… Shiitake-Pilze mindestens 30 Minuten einweichen, vom Stiel befreien und in hübsche, etwa 1 x 1 cm große Würfel schneiden.
… Karotte schälen. Frühlingszwiebeln und Karotte in etwa 1 x 1 cm große Würfel schneiden.
… Gemüse in einem trockenen, heißen Wok etwa eine Minute woken, es soll beginnen, weich zu werden, aber immer noch Biss haben. In eine Schüssel umfüllen und beiseitestellen.

… Den Wok wieder erhitzen, Öl hineingeben und die Temperatur reduzieren. Die Eier unter Rühren braten.
… Reis dazugeben und braten, bis die Reiskörner sich voneinander trennen. Dabei den Reis abwechselnd auf den Pfannenboden drücken und wieder auflockern.
… Reis mit Zucker, Salz, Instant-Brühe und MNG nach Belieben abschmecken.
… Das Gemüse und dann die gefrorenen Erbsen zufügen und gut vermengen.
… Mit Sesamöl beträufelt servieren.

Variationen
Auch wenn Frühlingszwiebeln, Shiitake-Pilze, Karotte und grüne Erbsen eine klassische Kombination sind, kann man die meisten anderen Gemüsesorten ebenso gut im Yangzhou-Style braten – das Wichtigste ist, dass sie schön gewürfelt sind.

Satay Fried Rice

Gebratenen Reis kann man sowohl als vollwertiges Gericht als auch als Beilage anstelle von normalem weißem Reis essen. Wenn Sie eine etwas nahrhaftere One-Pot-Alternative wollen, um sie gemütlich vor einer Netflix-Serie zu löffeln, empfehle ich stattdessen diesen Cha Chaan Tang-Klassiker aus Hongkong. Nachdem die chinesische Shacha-Sauce – eine Art Satay-Sauce, die nicht nach Erdnüssen, sondern nach chilischarfem Umami schmeckt – braun ist, verliert der Reis natürlich etwas an Eleganz. Dies wiegt der Geschmack jedoch locker wieder auf. Die Kombination von Kai-lan und Shacha-Sauce ist nämlich nicht nur extravagant, sondern auch lecker und mein persönlicher Alltagsfavorit.

4 Portionen

4 Knoblauchzehen
5 cm Ingwer
200 g Kai-lan (chinesischer Broccoli)
Erdnussöl (oder anderes Speiseöl)
4 EL vegetarische Shacha-Sauce,
z. B. Bullhead Barbecue Sauce
2 Eier
800 g gekochter Jasminreis, am besten vom Vortag
2 TL Zucker
Salz
1 Prise MNG
1 TL Sesamöl

ZUBEREITUNG

… Knoblauch abziehen, Ingwer schälen und beides reiben. Kai-lan waschen, trockenschütteln und grob hacken.
… Einen Wok erhitzen, Öl hineingeben und den Kai-lan woken, bis er gebräunt ist. In eine Schüssel umfüllen und beiseitestellen.

… Den Wok wieder erhitzen, Öl hineingeben und die Temperatur reduzieren. Knoblauch, Ingwer und Shacha-Sauce woken. Eier hinzufügen und unter Rühren woken.
… Reis dazugeben und braten, bis die Reiskörner sich voneinander trennen. Dabei den Reis abwechselnd auf den Pfannenboden drücken und wieder auflockern.
… Reis mit Zucker, Salz und MNG abschmecken.
… Kai-lan hinzufügen und vermischen.
… Mit Sesamöl beträufelt servieren.

Golden Fried Rice

In China nennt man die üblichste Methode des Reis Bratens »Gold bedeckt von Silber«, was bedeutet, dass man das Ei brät, bevor man den Reis dazugibt. Aber man kann es auch umgekehrt machen, »Silber bedeckt von Gold«, was einen goldfarbenen, cremigeren Reis ergibt. Diese Version ist von Ninniku Rice inspiriert, einem japanischen, in Butter gebratenen Reis mit Knoblauch, und kann als Beilage oder als vollwertiges Gericht gegessen werden. Wer es dekadent mag, gibt natürlich noch etwas geriebenen Trüffel darüber – ein alter Trick, um auch ein Resteessen etwas festlicher zu machen.

4 Portionen

4 Eier
2 EL Mayonnaise, gerne Kewpie (japanisches Produkt)
800 g gekochter Jasminreis, am besten vom Vortag
2 Knoblauchzehen
1 Frühlingszwiebel
2 TL Erdnussöl (oder anderes Speiseöl)
2 EL Butter
Salz
Trüffel (optional)

ZUBEREITUNG

… Eier trennen und Eigelb und Mayonnaise mit dem Reis vermengen.
… Knoblauch abziehen und fein hacken, die Frühlingszwiebel in Ringe schneiden.

… Einen Wok erhitzen, Öl hineingeben und die Temperatur reduzieren. Butter und Knoblauch hinzufügen.
… Reis dazugeben und braten, bis die Reiskörner sich voneinander trennen. Dabei den Reis abwechselnd auf den Pfannenboden drücken und wieder auflockern.
… Mit Salz abschmecken und mit Frühlingszwiebel und frisch geriebenem Trüffel nach Belieben bestreuen.

So wird's besonders knusprig

Ich kann kaum glauben, dass ich Ihnen das verrate, aber mit das Beste – und Unauthentischste –, was man mit gebratenem Reis machen kann, ist, ihn mit einer Handvoll Kartoffelchips zu bestreuen.

浩機地產
O CHARN REAL ESTATE
TEL: 2544 3955

Hongkong

Chinesisches Blattgemüse und andere Beilagen

WASSERSPINAT MIT SESAMSAUCE

KAI-LAN MIT VEGETARISCHER AUSTERNSAUCE

Ich liebe alle Gerichte in diesem Buch, doch die folgenden Gemüsegerichte esse ich mit Abstand am häufigsten. Zum einen natürlich, weil ein chinesisches Abendessen ohne eine Schüssel Reis und ein, zwei Gemüsegerichte nicht komplett ist, zum anderen aber auch wegen all der Assoziationen, die diese Gerichte mit sich bringen. Eine Portion Kai-lan mit Austernsauce zu essen schmeckt ganz einfach nach allen China-Abendessen, die ich jemals erlebt habe, von den gemütlichen Sonntagsbesuchen meiner Kindheit beim Restaurant Canton über den ersten überwältigenden Besuch in New Yorks Chinatown bis zu einem unvergesslichen Abendessen in einem Sternerestaurant in Hongkong.

Auch wenn die Kühlregale in asiatischen Lebensmittelläden normalerweise bis zum Rand mit verschiedenen Sorten von schwer identifizierbaren grünen Blättern gefüllt sind, werden sich bald vier Grundsorten herauskristallisieren, wenn Sie anfangen, jeden Tag chinesisch zu kochen.

Pak Choy kennt fast jeder. Es gibt normalerweise drei Varianten: eine große, eine mittelgroße mit grünem Stamm, die Shanghai Pak Choy heißt, sowie den kleinen, zarten Baby Pak Choy. Kai-lan, oder chinesischer Broccoli, hat einen dicken, nach Broccoli schmeckenden Stamm, große Blätter und ist mein persönlicher Favorit, während der zartere Choy Sumen fast wie eine Mischung aus den beiden anderen schmeckt. Wasserspinat ist noch zartblättriger, lässt sich lecker mit Knoblauch woken und ist zudem die perfekte Grundlage für Sesamsauce.

GEWOKTER CHOY SUM MIT KNOBLAUCH

GEWOKTER PAK CHOY MIT BOHNEN

Chinesisches Blattgemüse

Blanchiertes Blattgemüse

Dickeres Blattgemüse wie Kai-lan schneidet man für eine gleichmäßigere Zubereitung beim Blanchieren am besten quer in drei Teile. Zuerst den Strunk ins kochende Wasser geben, dann den Mittelteil und zum Schluss die Blätter. Nachdem Choy Sum kleiner und zarter ist, reicht es meist, ihn ganz oder höchstens halbiert zu blanchieren. Pak Choy halbiert oder viertelt man je nach Größe am einfachsten der Länge nach, während Wasserspinat genauso kurz und leicht blanchiert wird wie sein westlicher Namensgenosse.

4 Portionen

Salz
1 kg chinesisches Blattgemüse, z.B. Kai-lan, Choy Sum, Pak Choy oder Wasserspinat
1 EL Sesamöl

Mit vegetarischer Austernsauce

50 ml vegetarische Austernsauce
1 EL helle Sojasauce
1 EL Sesamöl
1 Knoblauchzehe

Mit Sesamsauce

50 ml Sesamsauce, siehe Seite 19
1 EL helle Sojasauce
1 TL geröstete Sesamsamen

MIT VEGETARISCHER AUSTERNSAUCE

… Austernsauce mit Sojasauce, 1 EL Sesamöl und 1 EL Wasser vermengen. Knoblauch abziehen und hineinreiben.

… Blattgemüse waschen und trockenschütteln. Salzwasser in einem großen Topf aufkochen und das Blattgemüse hineingeben. Etwa 1–2 Minuten sieden lassen, bis es beginnt, ein wenig weich zu werden.

… 1 EL Sesamöl ins Wasser geben, auf diese Art behält das Gemüse die Farbe und wird schön glänzend. Anschließend das Gemüse mit einem Schaumlöffel herausnehmen.

… Auf eine Platte legen und die Sauce darübergießen.

MIT SESAMSAUCE

… Salzwasser aufkochen und das Blattgemüse hineingeben. Etwa 1–2 Minuten sieden lassen, bis es beginnt, ein wenig weich zu werden.

… 1 EL Sesamöl ins Wasser geben, auf diese Art behält das Gemüse die Farbe und wird schön glänzend. Anschließend das Gemüse mit einem Schaumlöffel herausnehmen.

… Sesamsauce und Sojasauce darüber geben. Mit gerösteten Sesamsamen bestreuen.

Gewoktes Blattgemüse

Jetzt ist es wichtig, wieder die drei goldenen Regeln des Wokens zu beachten: 1. Gut vorbereitet sein, 2. Hitze wagen und 3. Nicht zu viel gleichzeitig woken. Besonders Punkt 1 ist bei Blattgemüse essenziell, denn wenn man Knoblauch in einen heißen Wok gibt und dann erst das Gemüse noch waschen muss, ist die Sache schon gelaufen.

4 Portionen

Erdnussöl (oder anderes Speiseöl)
1 kg chinesisches Blattgemüse, z. B. Kai-lan, Choy Sum, Pak Choy oder Wasserspinat

Mit Knoblauch

6 Knoblauchzehen
3 cm Ingwer
1 TL helle Sojasauce
2 TL Speisestärke
1 TL Sesamöl

Mit schwarzen Bohnen

1 TL Sesamöl
2 TL helle Sojasauce
2 TL Speisestärke
6 Knoblauchzehen
1 EL Douchi (fermentierte schwarze Bohnen)

MIT KNOBLAUCH

… Knoblauch abziehen, Ingwer schälen und beides reiben. Blattgemüse waschen und trockenschütteln. Die übrigen Zutaten für die Sauce und 2 EL Wasser in einer Schüssel vermengen.
… Einen Wok erhitzen, Öl hineingeben, die Temperatur etwas reduzieren und Knoblauch und Ingwer ein paar Sekunden woken.
… Blattgemüse hinzufügen und 1–2 Minuten woken, bis es beginnt, weich zu werden. Das Gemüse an den Rand des Woks schieben. Die Sauce in die Mitte gießen und etwas eindicken lassen.
… Mit dem Gemüse vermischen.

MIT SCHWARZEN BOHNEN

… Sesamöl, Sojasauce, 3 EL Wasser und Speisestärke in einer Schüssel vermischen. Knoblauch abziehen und in feine Scheiben schneiden. Blattgemüse waschen und trockenschütteln.
… Einen Wok erhitzen, Öl hineingeben, die Temperatur etwas reduzieren und Knoblauch und Douchi ein paar Sekunden woken.
… Blattgemüse hinzufügen und 1–2 Minuten woken, bis es beginnt, weich zu werden. Das Gemüse an den Rand des Woks schieben. Die Sauce in die Mitte gießen und etwas eindicken lassen.
… Mit dem Gemüse vermischen.

Nach Fisch duftende Aubergine

鱼香茄子

… klingt vielleicht wie die Schlusspointe eines furchtbar unpassenden Witzes auf einer Familien-feier, ist aber tatsächlich ein extrem leckeres szechuanisches Alltagsgericht, das man sowohl als Beilage als auch als eigenständiges Gericht mit Reis essen kann. Die Bezeichnung »nach Fisch duftend«, yuxiang, kommt nicht daher, dass die Aubergine nach Dorsch und Schellfisch riecht. Man vermutet, sie hat ihren Ursprung darin, dass die chinesischen Zeichen für »nach Fisch duftend« auch als »Geschmack von Szechuan und Hunan« übersetzt werden können.

4 Portionen	**Z** … Auberginen waschen, der Länge nach durchschneiden und dann noch
	U einmal der Länge nach halbieren. Salzen und 30 Minuten stehen lassen.
2 Auberginen	**B** Das Salz abspülen und die Auberginen abtrocknen.
Salz	**E** … Frittieröl auf etwa 180 °C erhitzen und die Auberginen goldbraun
Öl zum Frittieren	**R** frittieren. Auf Küchenpapier abtropfen lassen.
5 Knoblauchzehen	**E** … Knoblauch abziehen, Ingwer schälen und beides reiben. Frühlingszwiebeln
5 cm Ingwer	**I** in feine Ringe schneiden.
2 Frühlingszwiebeln	**T**
2½ EL Doubanjiang (szechuanische	**U** … 2 EL Öl erhitzen. Doubanjiang ein paar Sekunden braten und dann
Bohnen-Chili-Paste)	**N** Knoblauch, Ingwer, Zucker, Sojasauce und Shaoxing-Wein zufügen.
1 EL Zucker	**G** … Die Auberginen dazugeben und ein paar Minuten köcheln lassen.
1 EL helle Sojasauce	… Schwarzen Essig und Speisestärke zufügen. Rasch zubereiten, bis die
1 EL Shaoxing-Wein (alternativ	Sauce eingedickt ist. Mit Frühlingszwiebeln bestreut servieren.
trockener Weißwein, Sake oder Sherry)	
1 EL chinesischer schwarzer Essig,	
z. B. Chinkiang	
1 TL Speisestärke,	
angerührt in 1 EL Wasser	

»Nach Fisch duftende« ist eine von 20–30 Grundgeschmacksrichtungen der szechuanischen Küche und kann auch für eine Vielzahl anderer Gerichte verwendet werden – beispielsweise Yuxiang Tofu, für den man weichen Tofu in Würfel schneidet, ihn in leicht gesalzenem Wasser siedet und dann in dieselbe Sauce aus Doubanjiang und schwarzem Essig wie in diesem Rezept gibt.

Gurkensalat

拍黄瓜

Ich persönlich habe wohl noch nie zu Hause ein chinesisches Abendessen gemacht, ohne irgendeine Form von kaltem Gurkensalat dazu zu servieren. Er geht blitzschnell, ist superlecker, und außerdem macht es Spaß, den Kopf zurückzuwerfen und wie verrückt zu lachen, während man auf die Gurke eindrischt. Nachdem Gurke zu 96 Prozent aus Wasser besteht – und der Rest aus unverdaulicher Zellulose – ist der Trick für richtig leckeren Gurkensalat exakt derselbe wie für ein richtig gutes Erfrischungsgetränk: Er muss so kalt wie möglich sein.

4 Portionen

Chiligurke
1 kühlschrankkalte Gurke
2 EL Chiliöl, siehe Seite 15
1 TL chinesischer schwarzer Essig, z. B. Chinkiang
1 TL Zucker
1 TL helle Sojasauce
1 Knoblauchzehe

Knoblauchgurke
1 kühlschrankkalte Gurke
1½ EL helle Sojasauce
2 EL Reisessig
1 EL Zucker
1 Prise Salz
1 EL Sesamöl
4 Knoblauchzehen

ZUBEREITUNG

Chiligurke

… Eine eiskalte Gurke aus dem Kühlschrank nehmen und mit der flachen Seite eines großen Messers oder Ähnlichem zertrümmern. In mundgerechte Stücke schneiden und in eine Schüssel füllen.

… Chiliöl, Essig, Zucker und Sojasauce darüber geben. Knoblauch abziehen und darüber reiben.

… Vermischen und sofort servieren.

Knoblauchgurke

… Eine eiskalte Gurke aus dem Kühlschrank nehmen und mit der flachen Seite eines großen Messers oder Ähnlichem zertrümmern. In mundgerechte Stücke schneiden und in eine Schüssel füllen.

… Sojasauce, Reisessig, Zucker, Salz und Sesamöl darüber geben. Knoblauch abziehen und darüber reiben.

… Vermischen und sofort servieren.

Trockenfrittierte Bohnen

干煸四季豆

Trockenfrittieren oder Gan Bian ist eine szechuanische Zubereitungsmethode, bei der man grüne Bohnen bei sehr hoher Temperatur in der Pfanne brät oder in etwas Öl frittiert, bis sie Blasen bekommen und etwas Farbe annehmen. Anschließend werden die Bohnen mit Chiliöl, Szechuan-pfeffer, Frühlingszwiebeln und ein paar anderen Dingen serviert. Meine schnelle, etwas verfälschte Version dieses klassischen Restaurantgerichts entstand, nachdem ich absolut süchtig nach Xinjiang-Gewürz geworden war, einer Art Chilimischung, mit der man in den muslimischen Gegenden von China Gegrilltes würzt.

4 Portionen

Xinjiang-Gewürz
1 EL frittierter Knoblauch
(im Asialaden erhältlich)
1 EL frittierte Schalotten
(im Asialaden erhältlich)
1 TL Salz
1 TL Zucker
1 EL Szechuanpfeffer
1 EL Chilipulver
1 EL Kreuzkümmel
1 EL Sesamsamen
1 TL MNG

3 EL Speisestärke
1 TL Instant-Brühe
200 g grüne Bohnen
Öl zum Frittieren

ZUBEREITUNG

… Für das Xinjiang-Gewürz frittierten Knoblauch und frittierte Schalotten zu einem Pulver mörsern.

… Mit den restlichen Zutaten für das Xinjiang-Gewürz mischen und in einem Behälter mit dicht schließendem Deckel verwahren.

… Speisestärke mit Instant-Brühe vermischen und auf einen Teller geben.

… Bohnen putzen, waschen und abtropfen lassen. Dann auf den Teller mit der Speisestärke-Mischung geben und so vermengen, dass alle Bohnen gleichmäßig damit bedeckt sind.

… Öl in einer tiefen Pfanne oder einem Topf auf etwa 180 °C erhitzen.

… Die Bohnen portionsweise frittieren, bis sie schön knusprig sind.

… Auf Küchenpapier abtropfen lassen und dann reichlich Gewürzmischung darüber geben. Sofort servieren.

Man kann dieselbe Methode und dieselbe Gewürzmischung auch für anderes Gemüse verwenden, von Blumenkohl und Mais bis hin zu Kürbis und Zwiebeln, oder warum nicht für Artischocken? Es schmeckt auch himmlisch, die Gewürzmischung über Pommes oder sogar Kartoffelchips oder Popcorn zu streuen.

Frittierte Aubergine

炸茄盒

Die klassische Szechuan-Gewürzmischung Jiaoyan, Salz und Szechuanpfeffer, passt zu vielem –
in Chengdu habe ich sie sogar auf Kekse gestreut zu einer Tasse Tee gegessen - wunderbar.
Sie als Dip für frittierte Aubergine, sogenannte Zhaqiehe, zu verwenden ist ein anderer Favorit.
Man stelle sich vor: ein kühles Bier, ein sonniger Sommerabend, ein Teller voller krosser
Auberginenstücke mit cremigem Inneren und ein prickelnd-pikanter Gewürzdip: herrlich.
Mögen Sie es richtig luxuriös, dann machen Sie zusätzlich das Xinjiang-Gewürz von Seite 102
und haben so gleich zwei leckere Gewürzdips für Ihre Aubergine.

2–4 Portionen	… Dip: Szechuanpfeffer in einer trockenen Pfanne rösten, bis er zu duften beginnt. Mit Salz und MNG nach Belieben zu einem feinen Pulver mörsern.
Salz-Szechuanpfeffer-Dip	
1 TL Szechuanpfeffer	… 30 g Weizenmehl mit 3 EL Speisestärke vermischen und auf einen Teller geben.
1 TL Salz	
½ TL MNG (optional)	… 60 g Weizenmehl, 55 g Speisestärke, Salz und 200 ml Wasser zu einem Frittierteig verrühren.
30 g + 60 g Weizenmehl	… Aubergine waschen und in etwa 1 cm dicke Scheiben schneiden.
3 EL + 55 g Speisestärke	
1 Aubergine, gerne chinesische	… Die Auberginenscheiben in der Mehlmischung wenden.
½ TL Salz	… Reichlich Öl in einem Wok auf etwa 180 °C erhitzen.
Öl zum Frittieren	… Die bemehlten Auberginen in den Frittierteig tauchen und ins Öl legen.
Xinjiang-Gewürz, siehe Seite 102 (optional)	… Etwa 5 Minuten frittieren, bis sie goldbraun und knusprig sind.
	… Herausnehmen und auf Küchenpapier abtropfen lassen.
	… Mit einem oder zwei Gewürzsalzen zum Dippen und beispielsweise einem kühlen Bier servieren.

ZUBEREITUNG

Typhoon Shelter Corn

避風塘玉米

Dieses umamireiche Knoblauchpulver verwendet man traditionell zu Krabbe – aber es schmeckt auch superlecker zu Gemüse im Allgemeinen und Mais im Besonderen. Das Gericht hat seinen Namen von Hongkongs sogenannten Typhoon Shelters – eine Art windgeschützte Häfen, an denen die Fischer der Stadt mit ihren Familien lebten und in denen allmählich eine ganz eigene Kultur und Sprache entstand.

2 Portionen

Typhoon-Pulver
1 EL Szechuanpfeffer
1 EL Douchi (fermentierte schwarze Bohnen)
50 g Panko
60 g frittierter Knoblauch (im Asialaden erhältlich)
25 g frittierte Schalotten (im Asialaden erhältlich)
½ EL vegetarisches Dashi-Pulver

3 Knoblauchzehen
3 cm Ingwer
2 Frühlingszwiebeln
1 Bund Koriander
2 frische Maiskolben
Erdnussöl (oder anderes Speiseöl)
10 getrocknete Chilischoten

ZUBEREITUNG

… Typhoon-Pulver: Den Szechuanpfeffer in einer trockenen Pfanne rösten, bis er zu duften beginnt. Szechuanpfeffer, Douchi, Panko, frittierten Knoblauch und frittierte Schalotten zu einem groben Pulver mörsern. Mit Dashipulver vermischen. Trocken verwahren.

… Knoblauch abziehen, Ingwer schälen und beides in Scheiben schneiden. Frühlingszwiebeln in Streifen schneiden. Koriander waschen, trockenschütteln und fein hacken.

… Mais längs halbieren und die Hälften in zwei Stücke schneiden.

… Den Mais etwa 10 Minuten vorkochen.

… Einen Wok erhitzen, Öl hineingeben, die Temperatur etwas reduzieren und Ingwer, Knoblauch und Chilischoten kurz woken, bis es gut riecht.

… Den Mais hineinlegen und woken, bis er Farbe angenommen hat.

… Frühlingszwiebeln und Koriander zufügen und dann alles auf einen Teller geben. Mit großen Mengen Typhoon-Pulver bestreuen.

Exakt dieselbe Methode und Kräutermischung kann man für viele Gemüsesorten verwenden, von Artischocken bis zu gerösteten Kartoffeln, oder warum nicht frittierten Zwiebelringen? Es ist auch sehr lecker, das Pulver über richtig rauchige Aubergine vom Holzkohlegrill zu streuen.

Baozi-Lokal im muslimischen
Viertel von Xian

Die Kunst, immer selbst gemachte Dumplings im Haus zu haben

(Tipp: Verwenden Sie den Gefrierschrank)

IST ES NICHT EIN WAHNSINNIGES GEFUMMEL, Dumplings selbst zu machen? Auch wenn man all die komplizierten Faltarten und Techniken in den Griff bekommt – ist es nicht unglaublich viel Arbeit für etwas, das man so schnell aufgegessen hat?

Die Antwort lautet: ja und nein. Nein, es ist nicht besonders schwer, Dumplings zu falten, die einfachsten sind nicht viel komplizierter, als einen Briefumschlag zuzukleben, und auch wenn die schwierigeren Varianten nicht gerade instagram-tauglich werden. Mit der Zeit werden sie schöner, und schmecken ja trotzdem fantastisch.

Also ist es nicht viel Arbeit? Doch. Wenn man es nicht wie Millionen von Chinesen macht und den Gefrierschrank ausnutzt. Ich würde sagen, die Voraussetzung dafür, leckere Dumplings zu einer Gewohnheit zu machen, ist, zuerst Zeit zu investieren, um zu Hause eine Dumplingfabrik in Gang zu setzen, und dann den Großteil der Produktion einzufrieren, sodass Sie den Rest des Monats eine schnelle – und leckere – Alltagsmahlzeit zaubern können, die ungefähr genauso lang dauert wie das Aufwärmen eines Mikrowellengerichts.

Es gibt jedoch ein paar Grundsätze, die man im Kopf haben sollte.

... Denken Sie immer daran: Dicke Dumplings sind leckerer als dünne, also versuchen Sie immer, so viel Füllung hineinzubringen, wie Sie können. Je mehr Sie üben, desto dickere Dumplings werden Sie hinkriegen.

... Der Vorteil an selbst gemachtem Dumplingteig ist, dass er leckerer schmeckt und elastischer ist = man kann noch mehr Füllung hineinkriegen, indem man ein bisschen am Teig zieht.

... Alle Füllungen in diesem Kapitel sind austauschbar.

... Drücken Sie Ihre Dumplings zum Schluss immer gut zu. Einerseits, damit die Füllung nicht ausläuft, andererseits, weil der Dumpling leckerer wird, wenn der Teig überall gleich dünn ist.

... Frieren Sie die Dumplings roh ein, indem Sie sie in einer Schicht auf ein Tablett legen, das Sie dann in den Gefrierschrank schieben. Wenn sie gefroren sind, füllt man sie in einen Gefrierbeutel um, um Platz zu sparen.

... Egal ob Sie Ihre Dumplings kochen oder braten, Sie können sie aus dem Gefrierschrank nehmen und direkt loslegen.

... Machen Sie immer einen Dumpling mehr, damit Sie prüfen können, ob sie durch sind.

... Falttechniken finden Sie auf den Seiten 116–117.

Selbst gemachter Dumplingteig
饺子皮

Dumplingteig

Davon abgesehen, dass selbst gemachter Dumplingteig natürlich leckerer ist als gekaufter, gibt er einem auch die Freiheit, sowohl Form als auch Dicke anzupassen.

4 Portionen

½ TL Salz
400 g Dumplingmehl (alternativ italienisches Tipo 00)
Speisestärke zum Bestauben

ZUBEREITUNG

… 160 ml Wasser auf etwa 80 °C erhitzen, Salz zufügen und darin auflösen.

… Das Mehl in eine Küchenmaschine geben, einschalten und langsam das Salzwasser zugießen. Der Teig ist fertig, wenn er aussieht wie Streuselteig. Wenn Sie keine Küchenmaschine haben, können Sie auch ein Handrührgerät, einen Kochlöffel oder die Hände nehmen.

… In Plastikfolie einwickeln und 30 Minuten bei Zimmertemperatur ruhen lassen.

… Die Nudelmaschine herausholen und die dickste Einstellungsstufe wählen.

… Den Teig vierteln und jeweils einmal durchdrehen, dann in der Mitte falten und noch einmal durchdrehen. Die Ränder der Längsseite in die Mitte falten und erneut durchdrehen. Der Teig sollte inzwischen weich und geschmeidig sein und wie ein langer Schlips mit gleichmäßigen Rändern aussehen. Wenn nicht: weiter falten und durchdrehen.

… Die Größe der Walzen um eine Stufe verringern und noch einmal durchdrehen. Die Teigschlipse mit Speisestärke bestauben, mit Plastikfolie bedecken und bei Zimmertemperatur 1 Stunde ruhen lassen.

… Wenn der Teig fertig geruht hat, ist es Zeit, ihn auszurollen und zuzuschneiden.

Runde Dumplingteigblätter

… Den Teig dünn bis mitteldünn walzen, ungefähr Stufe 3 oder 4. Den Teig auf ein Schneidebrett legen und mit einem Glas oder Ausstecher Kreise mit etwa 8 cm Durchmesser ausstechen. Mit Speisestärke bestauben und sofort Dumplings formen oder für spätere Verwendung einfrieren.

Runde, etwas dickere Dumplingteigblätter

… Den Teig mitteldünn walzen, ungefähr Stufe 5. Den Teig auf ein Schneidebrett legen und mit einem Glas oder Ausstecher Kreise mit etwa 8 cm Durchmesser ausstechen. Mit Speisestärke bestauben und sofort Dumplings formen oder für spätere Verwendung einfrieren.

Ovale Dumplings

… Den Teig mitteldünn walzen, ungefähr Stufe 5. Den Teig auf ein Schneidebrett legen und Kreise mit etwa 8 cm Durchmesser ausstechen. Wieder durch die Nudelmaschine drehen, immer in dieselbe Richtung, sodass sie eine ovale Form bekommen, auf Stufe 3 oder 4. Mit Speisestärke bestauben und sofort Dumplings formen oder für spätere Verwendung einfrieren.

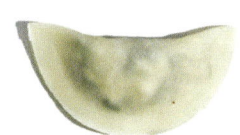

Z … Dünne, runde, Dumplingteigblätter verwenden, entweder
H   gekauft oder selbst gemacht, siehe Seite 114.
O … Gefrorene Dumplingteigblätter etwa 1 Stunde bei Zimmer-
N   temperatur auftauen lassen.
G … Einen Klecks Füllung in die Mitte geben.
D … Einen Finger in Wasser tauchen und den Rand rundherum
U   befeuchten.
M … Den Teig in der Mitte falten.
P … Den Dumpling zur Seite drehen und die Ränder sorgfältig
L   zusammendrücken.
I
N
G
S

J … Dünne, runde, Dumplingteigblätter verwenden, entweder
I   gekauft oder selbst gemacht, siehe Seite 114.
A … Gefrorene Dumplingteigblätter etwa 1 Stunde bei Zimmer-
O   temperatur auftauen lassen.
Z … Einen Klecks Füllung in die Mitte geben.
I … Einen Finger in Wasser tauchen und den Rand rundherum
         befeuchten.
      … Den Teig in der Mitte falten und zusammendrücken.
      … Den Teig von der Mitte aus zu einer Kante hin, die von Ihnen
         weg zeigt, in Falten legen.
      … Auf der anderen Seite genauso vorgehen.
      … Falls Sie meine Erklärung verwirrt: Schauen Sie bei YouTube
         oder probieren Sie es ein paarmal. Es ergibt sich beim
         Ausprobieren meist von selbst.

P … Selbst gemachte, ovale Dumplingteigblätter verwenden,
O   siehe Seite 114. Diese längliche Variante gibt es nämlich
T   nicht zu kaufen. Natürlich könnte man auch darauf pfeifen
S   und stattdessen eine normale Jaozi-Form falten.
T … Gefrorene Dumplingteigblätter etwa 1 Stunde bei Zimmer-
I   temperatur auftauen lassen.
C … Einen Klecks Füllung in die Mitte geben.
K … Einen Finger in Wasser tauchen und den Rand rundherum
E   befeuchten.
R … Den Teig in der Mitte falten und zusammendrücken.
      … Die Querseiten nach oben falten, aneinanderlegen und
         ebenfalls zusammendrücken.

D ... Manchmal möchte man rundliche Dumplings, zum Beispiel für
I die Suppe von Seite 125. Dazu selbst gemachte runde, etwas
C dickere Dumplingteigblätter verwenden, siehe Seite 114.
K ... Einen Klecks Füllung in die Mitte geben.
E ... Einen Finger in Wasser tauchen und den Rand rundherum
befeuchten.
D ... Den Teig in der Mitte falten und die Außenränder mit beiden
U Daumen gegen die Seiten der Zeigefinger drücken, sodass
M ein kleiner, moppeliger Dumpling entsteht – am besten
P nicht zu viel nachdenken, sondern einfach machen, das ist der
L vielleicht rustikalste Dumpling von allen.
I
N
G
S

B ... Selbst gemachten Baozi-Teig verwenden, siehe Seite 126.
A Den Teig etwas mehr als handtellergroß ausrollen.
O ... Den Teig in der nicht-dominanten Hand halten und einen
Z Klecks Füllung in die Mitte geben.
I ... Den Teig mit der dominanten Hand rundherum zu falten be-
ginnen, während die nicht-dominante dabei hilft, die Füllung
am Platz zu halten.
... Ringsherum im Uhrzeigersinn falten. Wenn nötig, etwas am
Teig ziehen.
... Wenn alles gefaltet ist, den Teig zum Abschluss in der Mitte
zudrücken und drehen.
... Übung macht den Meister – dies ist der schwerste Dumpling,
wenn er also anfangs nicht schön wird, können Sie ihn immer
noch mit der Faltung nach unten zubereiten, siehe Seite 129.

W ... Hauchdünne, viereckige Wantan-Teigblätter verwenden,
A entweder gekauft oder selbst gemacht, siehe Seite 114.
N ... Gefrorene Wantan-Teigblätter etwa 1 Stunde bei Zimmer-
T temperatur auftauen lassen.
A ... Zeigefinger und Daumen zu einem Kreis formen und das
N Teigblatt darüber.
... Einen Klecks Füllung in die Mitte geben und in den Fingerkreis
hinuntergleiten lassen.
... Fest zudrücken, sodass die Füllung zu einem Ball wird und das
restliche Teigblatt einem dünnen, quirligen Goldfischschwanz
ähnelt.
... Probieren Sie es aus, dann verstehen Sie es schon.

Zhongdumplings

中水饺

**Eine der absolut leckersten Dumplingsorten, die es gibt, ist tatsächlich auch die absolut ein-
fachste. Wenn Sie ein Blatt Papier in der Mitte falten können, dann können Sie auch Chengdus
beliebteste Zwischenmahlzeit zubereiten. Zhongdumplings sind halbmondförmige
Teigbündel mit saftiger Füllung, die in einer Mischung aus duftendem Chiliöl und würziger,
süßer Sojasauce baden. Die Kombination ist reine Perfektion.**

50 Dumplings	**Z** … Karotten schälen und reiben. Pilze putzen und ebenfalls reiben.
	U … Schnittlauch waschen und trockenschütteln. Frühlingszwiebeln und
2 Karotten	**B** Schnittlauch fein hacken.
200 g frische Pilze nach Wahl	**E** … Einen Wok erhitzen, etwas Öl hineingeben, die Temperatur reduzieren
10 Stängel chinesischer Schnittlauch	**R** und Karotten, Pilze, Schnittlauch und Frühlingszwiebeln woken, bis sie
10 Frühlingszwiebeln	weich zu werden beginnen. Vom Herd nehmen und mit Salz, Zucker,
Erdnussöl (oder anderes Speiseöl)	**I** Sojasauce, Shaoxing-Wein und Sesamöl würzen.
1 TL Salz	**T** … Die Dumplings füllen, indem man einen Klecks Füllung in die Mitte
1 TL Zucker	**U** gibt und sie wie auf Seite 116 faltet. Danach einfrieren, siehe Seite 113,
2 EL helle Sojasauce	**N** oder sofort zubereiten.
2 EL Shaoxing-Wein (alternativ	**G**
trockener Weißwein, Sake oder Sherry)	… Pro Person 2 Knoblauchzehen reiben, in kleinen Schälchen mit 1 EL
2 EL Sesamöl	Wasser verrühren und auf den Tisch stellen.
50 runde Dumplingteigblätter, gekauft	… Wasser in einem großen Topf aufkochen, die Dumplings hineingeben
oder selbst gemacht, siehe Seite 114	und sieden lassen. Wenn sie an die Oberfläche steigen, noch weitere
	1–2 Minuten köcheln lassen, dann sind sie fertig.
Pro Person	… Chiliöl und süße Sojasauce in tiefe Teller füllen. Die Dumplings hinein-
2 Knoblauchzehen	legen, mit etwas Sesam bestreuen und sofort servieren.
4–6 Dumplings	… Nach Geschmack Knoblauchwasser hinzufügen.
2 EL Chiliöl, siehe Seite 15	
2 EL süße Sojasauce, siehe Seite 19	
Sesamsamen zum Bestreuen	

Jiaozi

餃子

Die halbmondförmigen Jiaozi gibt es in Myriaden von Variationen, sind Namensgeber der japanischen Gyoza und sollen angeblich Erfrierungen der Ohren lindern. Diese Version hat eine Füllung aus Tofu und Ei und wird mit einem knusprigen Spitzendeckchen aus Weizenstärke in der Pfanne gebraten. Ein ganz gleichmäßiges Spitzendeckchen erfordert etwas Mühe, aber das ist es wert, denn das Resultat ist das vielleicht krosseste Essen des Universums.

50 Dumplings

3 Eier
5 getrocknete Shiitake-Pilze
100 g fester Tofu
5 Stängel chinesischer Schnittlauch
(alternativ Frühlingszwiebeln)
½ TL Salz
½ TL Zucker
1 EL helle Sojasauce
1 EL Sesamöl
50 runde Dumplingteigblätter, gekauft
oder selbst gemacht, siehe Seite 114

Pro Person
Erdnussöl (oder anderes Speiseöl)
10 Dumplings
1 ½ TL Weizenstärke
1 TL Instant-Brühe
Chiliöl, siehe Seite 15
Dumpling-Dip, siehe Seite 19

ZUBEREITUNG

… Eier hart kochen und fein hacken.

… Shiitake-Pilze in heißem Wasser 20 Minuten einweichen. Den Stiel entfernen und den Hut fein hacken.

… Schnittlauch waschen und trockenschütteln. Tofu und Schnittlauch fein hacken und mit Pilzen und Eiern vermengen.

… Mit Salz, Zucker, Sojasauce und Sesamöl würzen.

… Die Dumplings füllen, indem man einen Klecks Füllung in die Mitte gibt und sie wie auf Seite 116 faltet. Danach einfrieren, siehe Seite 113, oder sofort zubereiten.

… Etwas Öl in einer Pfanne erhitzen und die Dumplings bei mittlerer Temperatur braten, bis sie gerade anfangen, an der Unterseite braun zu werden. Das funktioniert auch mit gefrorenen Dumplings.

… Die Temperatur reduzieren. Weizenstärke und Instant-Brühe mit 100 ml Wasser verrühren und über die Dumplings gießen. Einen Deckel auflegen und 5–10 Minuten dämpfen – sie sind fertig, wenn der Teig durchsichtig zu werden beginnt und die Unterseite schön gebräunt ist.

… Den Deckel abnehmen und die Temperatur wieder erhöhen. Das Wasser verdampfen lassen, sodass die Weizenstärke ein knuspriges Spitzenmuster bildet.

… Einen Teller auf die Pfanne legen und umdrehen, sodass die Dumplings mit der krossen Seite nach oben auf den Teller kommen. Mit Chiliöl und Dumpling-Dip servieren.

Potstickers

鍋貼

Buchstäblich bedeutet Guotie, das chinesische Wort für Potstickers, genau das: »Topfkleber«. Auch wenn viele Potstickervarianten in China (und fast alle im Westen) die klassische Jiaozi-Form haben, ist es eigentlich traditioneller, sie zu länglichen Dumplingtuben zu formen – was ja sowohl einfacher als auch smarter ist, weil man auf diese Weise die Bratfläche maximiert. Die scharfe, nach Kreuzkümmel duftende Füllung ist inspiriert von einer, die ich einmal in Xian gegessen habe, und schmeckt auch wundervoll in einem Baozi von Seite 126.

50 Dumplings

2 Karotten
10 Stängel chinesischer Schnittlauch
200 g Suan Cai (chinesisches Sauerkraut), siehe Seite 33
10 Frühlingszwiebeln
Erdnussöl (oder anderes Speiseöl)
50 ovale Dumplingteigblätter, siehe Seite 114
1 TL Salz
1 TL Zucker
1 EL helle Sojasauce
2 TL Kreuzkümmel
2 TL Szechuanpfeffer
2 EL Chiliöl, fertig gekauft oder selbst gemacht, siehe Seite 15

Pro Person
Erdnussöl (oder anderes Speiseöl)
5 Dumplings
Chiliöl, siehe Seite 15
Dumpling-Dip, siehe Seite 19

ZUBEREITUNG

… Karotten schälen, Schnittlauch waschen und trockenschütteln. Suan Cai, Karotten, Frühlingszwiebeln und Schnittlauch fein hacken.

… Einen Wok erhitzen, etwas Öl hineingeben, die Temperatur reduzieren und Suan Cai, Karotten, Schnittlauch und Frühlingszwiebeln woken, bis sie weich zu werden beginnen. Vom Herd nehmen und mit Salz, Zucker, Sojasauce, Kreuzkümmel, Szechuanpfeffer und Chiliöl würzen.

… Die Dumplings füllen, indem man einen Klecks Füllung in die Mitte gibt und sie wie auf Seite 116 faltet. Danach einfrieren, siehe Seite 113, oder sofort zubereiten.

… Etwas Öl in einer Pfanne erhitzen und die Dumplings bei mittlerer Temperatur braten, bis sie gerade anfangen, an der Unterseite braun zu werden. Das funktioniert auch mit gefrorenen Dumplings.

… Die Temperatur reduzieren und 100 ml Wasser über die Dumplings gießen. Einen Deckel auflegen und 5–10 Minuten dämpfen. Sie sind fertig, wenn der Teig durchsichtig zu werden beginnt und die Unterseite schön gebräunt ist.

… Den Deckel abnehmen, die Temperatur erhöhen und braten, bis sie das richtige Maß an Knusprigkeit erreicht haben. Gegebenenfalls probieren.

… Mit Chiliöl und Dumpling-Dip servieren.

Hot & Sour Dumpling Soup

酸汤水饺

Sich an einem Dienstagabend hinstellen und eine Dumplingsuppe machen klingt vielleicht nicht so praktisch. Aber wenn Sie einen Schwung Dumplings im Gefrierschrank haben, dauert es nur ein paar Minuten, diesen Klassiker aus den muslimischen Vierteln in Xian in Nordchina zuzubereiten. Man hackt nämlich nur ein bisschen, verwendet eine Menge Würzmittel und zaubert eine Suppe, die so einfach ist, dass man kaum glauben kann, wie unfassbar lecker sie schmeckt.

400 g Reisnudeln
4 Knoblauchzehen
300 g chinesischer Schnittlauch
2 Karotten
Erdnussöl (oder anderes Speiseöl)
1 TL Salz
1 TL Zucker
2 EL helle Sojasauce
2 TL Kreuzkümmel
2 EL Chiliöl, siehe Seite 15
1 TL Szechuanpfeffer
50 etwas dickere Dumplingteigblätter, siehe Seite 114

Pro Person
8–10 Dumplings
2 EL helle Sojasauce
4 EL würziger Essig, siehe Seite 19
1 EL Butter
1 EL Sesamöl
Koriander nach Geschmack
Frühlingszwiebeln nach Geschmack
Chiliöl nach Geschmack
1 EL Sesamsamen

ZUBEREITUNG

… Die Reisnudeln nach Packungsanweisung kochen. Abkühlen lassen und fein hacken.

… Knoblauch abziehen und fein hacken. Schnittlauch waschen, trockenschütteln und fein hacken. Karotten schälen und reiben.

… Einen Wok erhitzen, etwas Öl hineingeben, die Temperatur reduzieren und Knoblauch, Schnittlauch, Reisnudeln und Karotten woken, bis sie weich zu werden beginnen. Vom Herd nehmen und mit Salz, Zucker, Sojasauce, Kreuzkümmel, Chiliöl und Szechuanpfeffer würzen.

… Die Dumplings füllen, indem man einen Klecks Füllung in die Mitte gibt und sie wie auf Seite 117 faltet. Danach einfrieren, siehe Seite 113, oder sofort zubereiten.

… Wasser in einem großen Topf aufkochen, die Dumplings hineingeben und sieden lassen. Wenn sie an die Oberfläche steigen, noch weitere 1–2 Minuten köcheln lassen, dann sind sie fertig.

… Koriander waschen, trockenschütteln und grob hacken. Frühlingszwiebeln in feine Ringe schneiden. Sojasauce, Essig, Butter, Sesamöl, Koriander und Frühlingszwiebeln in eine Schüssel geben. Die frisch gekochten Dumplings hineinlegen und eine Schöpfkelle Kochwasser zugießen. Mit Chiliöl beträufeln und mit Sesam bestreuen.

Baozi

Ein Bissen von einem schneeweißen, federleichten, fluffigen Baozi reicht, um zu verstehen, warum es dieses gedämpfte Hefebrötchen in so vielen Varianten gibt – von einfachen Mantou, die man in etwas Kondensmilch dippt, über den taiwanesischen Welthit Gua Bao bis zum Dim Sum-Klassiker Charsiu Bao, der so proppenvoll mit Füllung ist, dass er aussieht, als würde er gleich explodieren. Am allerliebsten mag ich jedoch die ganz normalen Baozi, die man auf dem Sprung essen, mit nahezu allem Erdenklichen füllen und – dank des eigenen Gefrierschranks – fast so einfach bekommen kann, als würde man in Hangzhou oder Flushing wohnen.

12 Baozi

400 g Dumplingmehl (alternativ italienisches Tipo 00)
1 TL Backpulver
1 EL Zucker
2 TL Trockenhefe
1 Portion Dumplingfüllung nach Wahl, siehe Seite 116–125
Chiliöl, siehe Seite 15
Dumpling-Dip, siehe Seite 19

ZUBEREITUNG

… Mehl und Backpulver in einer Schüssel mischen. 225 ml Wasser, Zucker und Trockenhefe in einer weiteren Schüssel vermengen. Die Wassermischung über die Mehlmischung gießen und etwa 5 Minuten kneten, bis ein homogener Teig entsteht. Abgedeckt 30 Minuten ruhen lassen.

… Dann den Teig 5 Minuten kneten, bis er ganz weich ist. In 12 gleich große Stücke teilen, zu Kugeln formen und abgedeckt weitere 30 Minuten ruhen lassen.

… Die Kugeln mit der Handfläche flach drücken und dann etwas mehr als handtellergroß ausrollen. Der Teig sollte in der Mitte etwas dicker sein als rundherum.

… Die Baozi füllen, dabei etwa 2 EL Füllung in die Mitte geben und den Teig wie auf Seite 117 beschrieben falten. Die Baozi auf jeweils ein vorher zugeschnittenes Stück Backpapier legen. Wenn alle fertig sind, einfrieren, siehe Seite 113, oder sofort zubereiten.

… Wasser in einem Topf auf etwa 30 °C erhitzen. Die Baozi in einen Dämpfeinsatz geben und über dem lauwarmen Wasser 20 Minuten gehen lassen – wenn sie gefroren sind, 1 Stunde.

… Dann das Wasser aufkochen und die Baozi etwa 15 Minuten dämpfen – wenn Sie gefrorene verwendet haben, 20 Minuten.

… Den Topf vom Herd nehmen und den Deckel noch 5 Minuten lang geschlossen lassen, sonst besteht das Risiko, dass sie zusammenfallen.

… Mit Chiliöl und Dumpling-Dip servieren.

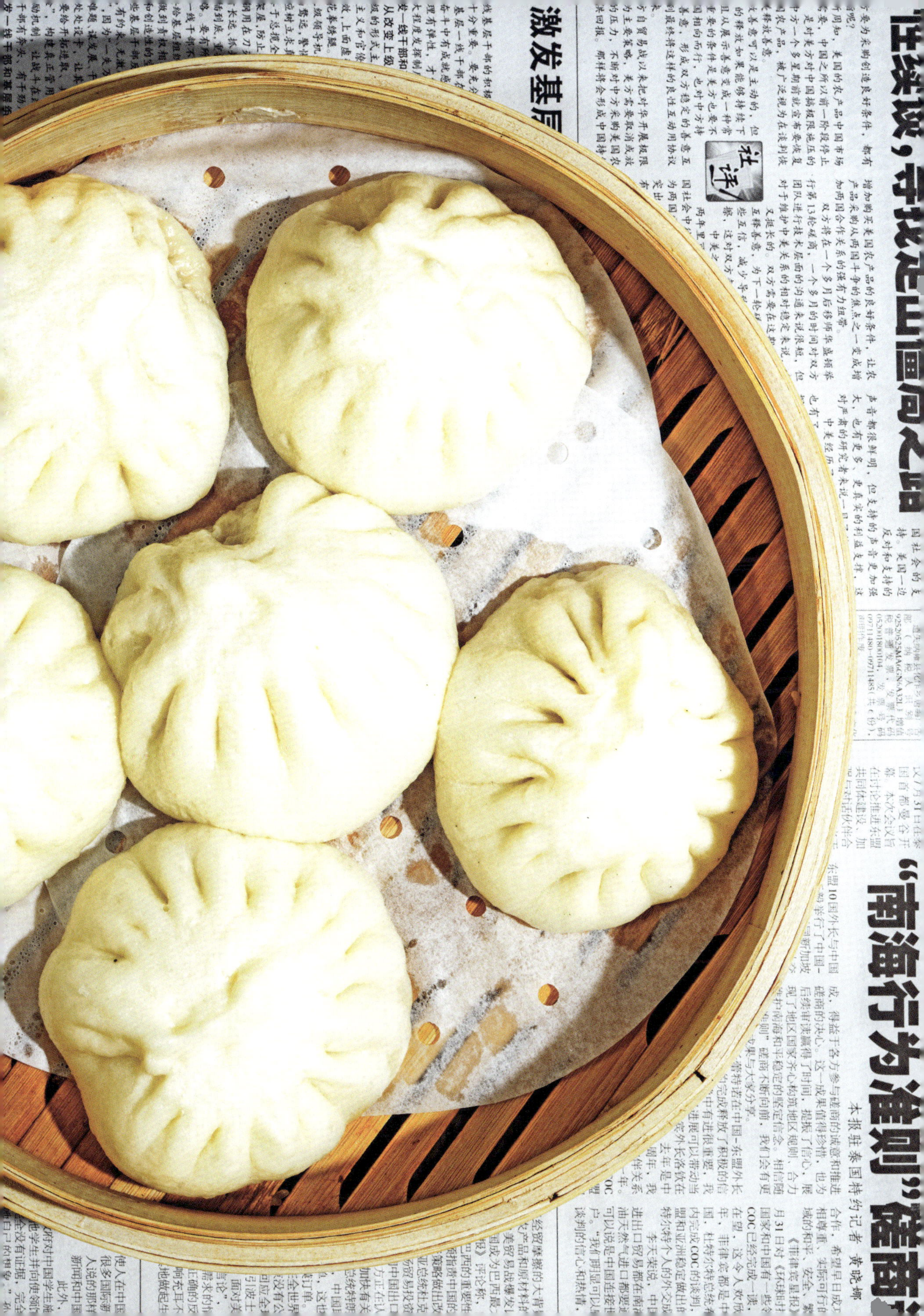
“南海行为准则”

Shengjian Bao

生煎包

Shengijan Bao werden wie Potsticker beim Braten gedämpft, haben denselben hefebasierten Teig wie Baozi (aber dünner) und sind Suppendumplings genau wie Shanghais andere große Dumpling-Berühmtheit Xiao Long Bao. Aber im Gegensatz zum XLB, der für einen Normalsterblichen notorisch schwer hinzukriegen ist, gelingt ein Shengjian Bao viel leichter. Man kann ihn sogar mit der Faltung nach unten braten.

24 Bao

Gelee

300 ml vegetarische Brühe, gekauft oder selbst gemacht, siehe Seite 30

2 Frühlingszwiebeln, grob gehackt

5 cm Ingwer, in Scheiben geschnitten

1 EL Sojasauce

1 EL Zucker

Salz

1 TL Agar Agar

Teig

400 g Dumplingmehl (alternativ italienisches Tipo 00)

½ TL Salz

½ TL Trockenhefe

1 Portion Dumplingfüllung nach Wahl, siehe Seite 118–125

Erdnussöl (oder anderes Speiseöl)

1 EL schwarze Sesamsamen

Chiliöl, siehe Seite 15

Dumpling-Dip, siehe Seite 19

ZUBEREITUNG

… Gelee: Die Brühe mit Frühlingszwiebeln und Ingwer aufkochen und 15 Minuten sieden lassen. Durch ein Sieb gießen und mit Sojasauce, Zucker und Salz abschmecken. Agar Agar in 1 EL kaltem Wasser anrühren und 2 Minuten stehen lassen. Dann in die Brühe einrühren, aufkochen und mindestens 2 Minuten bei geringer Temperatur sieden lassen. In eine Form geben und zum Erstarren mindestens 2 Stunden kalt stellen.

… Teig: Mehl und Salz in einer Schüssel mischen. 200 ml Wasser und Trockenhefe in einer weiteren Schüssel vermengen. Die Wassermischung über die Mehlmischung gießen und etwa 5 Minuten kneten, bis ein homogener Teig entsteht. Abgedeckt 30 Minuten ruhen lassen.

… Den Teig in 24 gleich große Stücke teilen, zu Kugeln formen und abgedeckt 10 Minuten ruhen lassen. Die Kugeln flach drücken und dann etwas mehr als handtellergroß ausrollen.

… Das erstarrte Gelee grob hacken und in die gewählte Dumplingfüllung einrühren. Etwa 30 Minuten kalt stellen.

… Dann die Bao füllen, dabei etwa 2 EL Füllung in die Mitte geben und wie auf Seite 117 beschrieben falten. Einfrieren, siehe Seite 113, oder sofort zubereiten.

… Etwas Öl in einer Pfanne erhitzen und die Bao hineinlegen.

… Bei mittlerer Temperatur braten, bis sie gerade braun zu werden beginnen. Etwa 100 ml Wasser zugießen und einen Deckel auflegen. 8–10 Minuten köcheln lassen, 5 Minuten länger, falls die Bao direkt aus der Gefriertruhe kommen.

… Den Deckel abnehmen, die Temperatur erhöhen und braten, bis das Wasser verdampft und die Unterseite knusprig ist. Mit schwarzem Sesam bestreuen und mit Chiliöl und Dumpling-Dip servieren.

Stadtmauer von Xian

WOCHEN-ENDE

25 chinesische Wochenendgerichte für gemütliche Abende zu Hause, Essenseinladungen und Feste – plus ein paar für richtige Nerds, die gerade viel Zeit haben.

Geschmorte Rote Bete

红烧甜菜

Geschmortes Fleisch, oder Hong Shao Rou, ist chinesische Hausmannskost, die in unterschiedlichen Variationen im ganzen Land verbreitet ist. Wenn man eine vegetarische Version machen will, sind Rote Bete dafür wunderbar geeignet: Sie sind schön rot, nahrhaft und haben einen erdigen Geschmack. Die übrig gebliebene Sauce heben Sie bitte auf und machen Re Gan Mian, Wuhan Dry Noodles, am Tag danach: Einfach Weizennudeln kochen und die Sauce, eventuell übrig gebliebene Rote Bete und fein gehacktes chinesisches Sauerkraut, Koriander, Frühlingszwiebel, Chiliöl, Sesamsauce und einen Schuss schwarzen Essig darüber geben. Superlecker.

6 Portionen	
1 kg Rote Bete	
2 EL Shaoxing-Wein (alternativ trockener Weißwein, Sake oder Sherry)	
100 ml dunkle Sojasauce	
2 EL helle Sojasauce	
3 Sternanis	
1 Zimtstange	
2 getrocknete Chilischoten	
5 cm Ingwer	
3 Knoblauchzehen	
50 g + 50 g Kandiszucker	
Erdnussöl (oder anderes Speiseöl)	

ZUBEREITUNG

… Die Roten Beten schälen und in 5 x 5 cm große Stücke schneiden.

… Shaoxing-Wein, dunkle und helle Sojasauce abmessen und die Gewürze bereitstellen.

… Ingwer schälen und in grobe Scheiben schneiden. Knoblauch abziehen und zerdrücken.

… Einen Wok oder gusseisernen Topf auf den Herd stellen und Karamell herstellen, indem 50 g Kandiszucker in etwas Öl geschmolzen werden, es soll braun werden, aber nicht verbrennen. Die Roten Beten dazugeben und rühren, sodass sie vom Karamell bedeckt werden.

… Shaoxing-Wein und Sojasauce zugießen und mit Wasser auffüllen, bis die Roten Beten fast bedeckt sind. Sternanis, Zimtstange, Chilischoten, Ingwer und Knoblauch dazugeben.

… Bei geschlossenem Deckel etwa 1 Stunde köcheln lassen, die Roten Beten sollen gerade anfangen, weich zu werden.

… 50 g Kandiszucker hinzufügen und bei niedriger Temperatur und halb geschlossenem Deckel etwa 20 Minuten einkochen, bis die Sauce anfängt, zähflüssig zu werden.

… Die Roten Beten vorsichtig herausnehmen und in eine Schüssel füllen. Die Sauce durch ein Sieb über die Roten Beten gießen.

… Mit Nudeln als Teil eines überladenen chinesischen Abendessens servieren – oder einfach mit Reis und einem Blattgemüsegericht.

Hongkong-Curry

咖喱牛腩饭

Curry ist Weltgeschichte auf einem Teller. Das Gericht entstand irgendwann im 15. Jahrhundert, als die Chilipflanze aus Mexico nach Indien auswanderte, wo sie sofort ihren Weg in die Gewürz-mischungen und Eintöpfe des neuen Landes fand. Diese neue Art von Curry wiederum begann sich schon bald zu verbreiten wie Unkraut. Ein Zweig wuchs nach Osten in Richtung Thailand und Südostasien, während ein anderer sich den Weg nach Norden in Richtung Großbritannien und dann weiter bis nach Japan bahnte. In Hongkongs Cha Chaan Teng-Restaurants traf schließlich der japanisch/britische Curryzweig auf den südostasiatischen und passte sich dem chinesischen Geschmack an, sodass schließlich das vielleicht globalisierteste Gericht von allen entstand.

6 Portionen	**Z** … Knoblauch, Schalotten und Zwiebeln abziehen. Den Knoblauch reiben,
	U die Schalotten fein hacken und die Zwiebeln vierteln.
4 Knoblauchzehen	**B** … Zitronengras zerdrücken, dazu mit der Rückseite eines Messers darauf
5 Schalotten	**E** schlagen.
2 Zwiebeln	**R** … Kartoffeln und Karotten schälen und in mundgerechte Stücke schneiden.
1 Stange Zitronengras	**E** … Aubergine in ähnlich große Stücke schneiden und salzen, sodass sie
4 festkochende Kartoffeln	**I** entwässert. Das Salz nach etwa 30 Minuten abspülen.
2 Karotten	**T**
1 Aubergine, gerne chinesische	**U** … Öl in einem großen Topf erhitzen und Knoblauch, Schalotten, Zitronen-
Salz	**N** gras und Lorbeerblatt hineingeben. Die Temperatur reduzieren und
50 ml Erdnussöl (oder anderes	**G** dann Currypulver und Kurkuma zufügen. Das Pulver braten, bis der rohe
Speiseöl)	Geschmack verschwindet und es zu Curryöl wird, aber aufpassen, dass
3 Lorbeerblätter	die Gewürze nicht verbrennen.
6 EL Currypulver	… Zucker und Tomatenmark dazugeben, dann Kartoffeln und Karotten.
1 TL Kurkuma	Etwa 1 l Wasser darübergießen, bis alles gerade bedeckt ist.
4 TL Zucker	… Kurz aufkochen, dann die Temperatur reduzieren, einen Deckel auflegen
2 EL Tomatenmark	und 20 Minuten köcheln lassen. Anschließend die Kokosmilch zufügen
200 ml Kokosmilch	und weitere 10 Minuten köcheln lassen.
	… Die Zwiebeln in etwas Öl braten und dazugeben, wenn das Curry fast
	fertig ist. Ein paar Minuten köcheln lassen. Mit frisch gekochtem Reis
	servieren und mit einem Löffel essen.

Claypot Rice

鸡肉煲仔饭

In der Abteilung Knuspriger Reis gibt es wenige Gerichte, die kantonesischen Claypot Rice schlagen können, bei dem der Reis zusammen mit Topping in einem Tontopf über glühender Kohle gekocht wird, was einen tiefen, würzigen Geschmack und einen knusprigen, mit Sojasauce karamellisierten Reisboden entstehen lässt. Den knusprigen Reis mit dem weichen zu mischen ist wirklich mit das Leckerste, was es gibt. Chinesische Claypots gibt es in vielen Asia-Supermärkten, aber es geht auch mit einem japanischen Donabe, einem koreanischen Dolsot oder jedem anderen feuerfesten Topf mit Deckel.

4 Portionen

1 EL Sesamöl
340 g Rundkornreis
(alternativ Jasminreis)
2 Auberginen, gerne chinesische
1 EL Speisestärke
1 TL Salz
1 TL Zucker
1 TL Speiseöl
1 TL helle Sojasauce
1 TL Shaoxing-Wein (alternativ trockener Weißwein, Sake oder Sherry)
5 cm Ingwer
4 Frühlingszwiebeln
2 Pak Choy, geviertelt

Sauce
4 EL helle Sojasauce
2 EL dunkle Sojasauce
1 EL Zucker

ZUBEREITUNG

… Den Claypot mit Sesamöl einfetten.

… Reis ausspülen, bis das Wasser klar ist, und dann für etwa 1 Stunde im Claypot in 400 ml Wasser einweichen.

… Auberginen waschen und längs vierteln. Speisestärke, Salz, Zucker, Speiseöl, Sojasauce und Shaoxing-Wein miteinander verrühren und die Auberginen damit einreiben. Ingwer schälen und in feine Stäbchen schneiden, Frühlingszwiebeln in Streifen schneiden und darüberstreuen.

… Die Zutaten für die Sauce miteinander verrühren.

… Glühende Kohle in die eine Hälfte des Grills füllen. Den Claypot auf einen Rost direkt über die Kohle stellen. Wenn das Wasser kocht, die Auberginen auf den Reis geben und den Deckel auflegen. Bei hoher Temperatur 5 Minuten kochen.

… Dann den Claypot auf die Hälfte des Grills ohne Kohle stellen. Bei niedriger Temperatur etwa 25 Minuten mit geschlossenem Deckel stehen lassen. Dann wieder über die Glut stellen, den Deckel abnehmen, die Sauce überall verteilen und den Pak Choy an den Rand legen.

… Den Deckel wieder schließen und etwa 2 Minuten auf der Kohle stehen lassen, bis der Reis am Boden richtig knusprig geworden ist.

… Wenn Sie dieses Gericht auf einem normalen Herd machen wollen, verwenden Sie einen gusseisernen Schmortopf und folgen Sie den obenstehenden Anweisungen – doch anstatt den Claypot in die kühlere Zone zu versetzen, stellen Sie den ganzen Topf bei 200 °C in den Ofen. Auf einem Gasgrill geht es genauso, statt den Claypot in die kühlere Zone zu versetzen, reduzieren Sie hier einfach die Temperatur des Grills.

Pekingtofu

北京烤豆腐

Echte, nach allen Regeln der Kunst gegrillte Pekingente zu essen, gehört vielleicht zu den fünf, sechs besten Dingen auf der ganzen Welt. Leider ist Ente jedoch keine Pflanze, was bedeutet, dass alle Vegetarier darauf verzichten müssen. Aber nur, wenn man nicht dieses Rezept ausprobiert. Frittierte Tofublätter sind nämlich superknusprig und bekommen einen fast baconartigen Geschmack, ein bisschen wie Papadams, Gribenes (jüdische knusprige Hühnerhaut) oder mexikanische Chicharonnes. Wenn man diese veganen Schwarten mit etwas Gemüse und Bohnensauce in einen selbst gemachten Pfannkuchen wickelt, bekommt man einen perfekten Happen, der nicht weit von einem Pfannkuchen mit dem besten Teil der Pekingente – der dünnen, superknusprigen Rückenhaut – entfernt ist.

4–6 Portionen

Bohnensauce
2 EL Tianmianjiang (süße Bohnenpaste)
1 EL Huangdojiang (gelbe Bohnenpaste)
1 TL dunkle Sojasauce
1 EL Zucker
3 cm Ingwer
3 Knoblauchzehen

1 Gurke
½ Netzmelone
6 dicke Frühlingszwiebeln
1 ganze Knoblauchknolle
2 getrocknete Tofublätter
Öl zum Frittieren
1 EL vegetarisches Dashi-Pulver
40 gekaufte oder selbst gemachte Chunbing (chinesische Pfannkuchen), siehe Seite 144
1 Bund Koriander, grob gehackt

ZUBEREITUNG

… Bohnensauce: Die Bohnenpasten Tianmianjiang und Huangdojiang mit Sojasauce und Zucker verrühren. Ingwer schälen und Knoblauch abziehen, beides hineinreiben.

… Gurke und Melone von Schale und Kernen befreien und in feine Stäbchen schneiden. Frühlingszwiebeln in feine Streifen schneiden.

… Knoblauchknolle in Zehen zerteilen, abziehen und reiben. Mit etwas Wasser zu einer Sauce verrühren.

… Tofublätter in etwa 5 x 5 cm große Stücke brechen.

… Öl auf etwa 180 °C erhitzen und die Tofublätter blitzschnell frittieren, sie sollen nur aufpuffen und goldbraun und knusprig werden, nicht verbrennen, sonst werden sie bitter.

… Mit Dashi-Pulver bestreuen und auf Küchenpapier abtropfen lassen.

… Einen Klecks Bohnensauce auf einen Pfannkuchen geben, etwas von den frittierten Tofublättern darauflegen, mit Gemüse nach Wahl und Koriander bestreuen und ein wenig Knoblauchsauce darüber träufeln.

… Wie einen leckeren chinesischen Taco essen.

Chunbing

春饼

Auch wenn Chunbing im Westen als chinesische Pfannkuchen oder Spring Pancakes bezeichnet werden, ähneln sie eher hauchdünnen Weizentortillas. Es gibt zwar fertige Chunbing zu kaufen, aber am allerbesten werden sie, wenn man sie selbst macht. Der Trick, um sie richtig schnell und hauchdünn hinzukriegen, ist, sie mit Öl zu bestreichen und dann in doppelten Schichten auszurollen und zu backen. Supersmart!

40 Pfannkuchen

420 g Weizenmehl
1 TL Salz
25 g Butter

ZUBEREITUNG

… Mehl und Salz mischen. Die Butter in Stücke schneiden und wie bei einem Streuselteig untermengen.

… 300 ml etwa 80 °C heißes Wasser darübergießen.

… Etwa 5 Minuten zu einem homogenen Teig kneten.

… Zu einer Kugel formen und mit einem sauberen Küchentuch abgedeckt 30 Minuten ruhen lassen.

… Die Arbeitsfläche mit Mehl bestauben. Den Teig in zwei Teile teilen und zu länglichen Zylindern rollen. In 40 gleich große Stücke schneiden.

… Dann immer mit nur 2 Teigstücken gleichzeitig arbeiten, die anderen abgedeckt ruhen lassen, sodass sie nicht austrocknen.

… Beide Teigstücke zu Kugeln formen. Mit der Handfläche flach pressen und dann ausrollen, sodass es eine runde Form bekommt, aber noch nicht hauchdünn ist.

… Das eine Teigstück mit Sesamöl bestreichen, es ist wichtig, dass die ganze Oberfläche bedeckt wird. Das andere darauflegen und dann beide gleichzeitig ausrollen, bis sie superdünn sind.

… Um sie so rund wie möglich zu bekommen, mache ich es so: Rollen, dann den Teig drehen, wieder rollen, wieder drehen und so weiter, bis sie einfach perfekt dünn und rund sind.

… Die Chunbing (immer noch zusammen) in einer trockenen Pfanne bei niedriger bis mittlerer Temperatur backen, sie sollen nicht so viel Farbe annehmen wie Weizentortillas. Wenden und die andere Seite backen.

… Wenn sie gar aussehen, herausnehmen, ein paar Sekunden abkühlen lassen und dann die beiden Schichten voneinander trennen.

… In Küchentücher wickeln, bis alle Chunbing fertig gebacken sind.

Suan Cai-Tofu

酸菜豆腐

Wenn Sie chinesisches Sauerkraut, Suan Cai, selbst gemacht haben, müssen Sie unbedingt diesen wärmenden Eintopf probieren, der trotz seines wenig prächtigen Äußeren einen kleinen Showman in sich hat. Am Ende der Zubereitung erhitzt man nämlich etwas Öl mit viel Chili und Szechuanpfeffer, das man dann mit einer dramatischen Geste direkt vor den Augen der schockierten Gäste zischend über den Tofueintopf gießt.

4 Portionen

300 g weicher Tofu
5 cm Ingwer
2 + 4 Frühlingszwiebeln
2 + 3 Knoblauchzehen
Erdnussöl (oder anderes Speiseöl)
300 g Suan Cai (chinesisches Sauerkraut) gekauft oder selbst gemacht, siehe Seite 33
100 g chinesische eingelegte Chilischoten (alternativ Peperoni)
2 l vegetarische Brühe, gekauft oder selbst gemacht, siehe Seite 30
1 EL Zucker
1 EL Reisessig
1 TL MNG (optional)
Salz

Heißes Öl
50 ml Erdnussöl (oder anderes Speiseöl)
20 getrocknete Chilischoten
1 EL Szechuanpfeffer

ZUBEREITUNG

… Tofu in etwa 3 x 3 cm große Würfel schneiden.

… Ingwer schälen und in grobe Scheiben schneiden, Frühlingszwiebeln in feine. Knoblauch abziehen und fein hacken.

… Sauerkraut abspülen und abschmecken, sodass es nicht zu salzig ist. Zusammen mit den eingelegten Chilischoten grob hacken.

… Einen Wok erhitzen, Öl hineingeben, die Temperatur reduzieren und Ingwer, 2 geschnittene Frühlingszwiebeln und 2 gehackte Knoblauchzehen sowie Suan Cai und die eingelegten Chilis zufügen.

… Brühe, Zucker, Reisessig und MNG nach Belieben dazugeben. Mit Salz abschmecken.

… Den Tofu hineinlegen und vorsichtig pochieren, bis er warm ist, das dauert meist eine gute Minute.

… Die Suppe mit 4 geschnittenen Frühlingszwiebeln und 3 gehackten Knoblauchzehen bestreuen.

… Heißes Öl: Das Öl mit getrockneten Chilischoten und Szechuanpfeffer erhitzen und über die Suppe gießen, sodass es schön zischt.

… Sofort mit frisch gekochtem Jasminreis servieren.

HOTPOT

Bashu dazhaimen Hotpot, Chengdu

So organisieren Sie eine echte szechuanische Hotpot-Party für zu Hause

~~~~~~

HOTPOT, AUCH HOU GOU (Feuertopf) genannt, ist eine gesellige Form der Essenszubereitung, von der es in ganz China Unmengen verschiedener Varianten gibt. Zusammen um den Tisch zu sitzen und in einem kochenden Topf Essen zu garen ist so schön, dass es sich auch in anderen asiatischen Ländern wie Vietnam, Kambodscha, Thailand und Japan verbreitet hat. Hotpot ist ganz einfach eine leckere, gemütliche und schöne Form des Essens – außer in der Provinz, in der man mehr Hotpot isst als irgendwo anders: Szechuan.

In den Städten Chengdu oder Chongqing in Szechuan Hotpot zu essen, ist hingegen eher wie mit einem Freund auf ein vermeintliches Singer-Songwriter-Konzert zu gehen, und dann herauszufinden, dass eine Death Metal-Band spielt, bei der man in der ersten Reihe steht und mit geronnenem Schweineblut übergossen wird. Es brennt in den Augen, es klingelt in den Ohren, und plötzlich stolpert ein chinesischer Typ mit nacktem Oberkörper und Kippe im Mundwinkel und rutscht auf den Tisch zu, an dem man sitzt, weil absolut alles glitschig und rutschig vor Öl ist. Der große Hotpot-Kessel in der Mitte des Tisches ist gefüllt mit Brühe, Fett und so viel Chili, Szechuanpfeffer und MNG, dass man Reizdarmsyndrom bekommt und zu halluzinieren beginnt, ja, in manchen Lokalen hat man vor nicht allzu langer Zeit den Hotpot sogar mit etwas Opium gewürzt. Das Essen wird in diesem Öl bei kolossal viel Gequatsche und Gesaufe zubereitet und anschließend in einen Dip getaucht, der ausschließlich aus Trigger-Zutaten für Feiglinge besteht – rohem Knoblauch, Koriander und Sesamöl – und den man nicht ganz vorsichtig aus einer Flasche träufelt, sondern aus einem coladosenähnlichen Behälter schüttet. Hotpot in Szechuan ist ganz einfach das Maximum an Mahlzeit und eines der lustigsten Dinge, die man machen kann. Hier erfahren Sie, wie Sie eine szechuanische Hotpot-Party zu Hause veranstalten können.

Ausrüstung

Um Hotpot machen zu können, braucht man eigentlich nur einen Topf und eine Art mobile Hitzequelle. Das kann eine Kochplatte, ein alter Spirituskocher oder ein tragbarer Gaskocher sein. Die allerbeste Ausrüstung findet man natürlich in asiatischen Supermärkten. Suchen Sie am besten nach einem hübschen yin-yang-förmigen Topf (siehe Foto auf Seite 148), darin kann man zwei Sorten von Brühe machen. Es ist auch gut, sich einen Satz Essstäbchen, ein paar Zangen und einen Schaumlöffel zuzulegen, mit dem man das herausfischen kann, was man mit den Stäbchen verliert.

Brühe

Die Flüssigkeit im Hotpot besteht aus einer Brühe, in die man eine Hotpot-Würzmischung einrührt. Am leckersten wird es, wenn man die vegetarische Brühe von Seite 30 verwendet. Aber man kann natürlich auch gute fertige Gemüsebrühe kaufen.

Die Brühe wird gewürzt, und das Wichtigste ist hierbei, nicht mit Salz zu geizen. Es gibt nichts Deprimierenderes als eine wässrige Brühe. Wenn Sie einfach eine Hotpot-Würzmischung in die Brühe geben wollen, reicht es, sie mit Salz und vielleicht ein, zwei Teelöffeln MNG zu würzen. Wenn Sie jedoch einen zweigeteilten Topf haben und den Gästen auch eine mildere Brühe anbieten möchten, teilen Sie die Brühe in zwei Hälften und schmecken Sie die mildere wie im Rezept beschrieben ab.

Hotpot-Würzmischung

Wenn Sie ein schönes rotes, scharfes, fettes und prickelndes szechuanisches Hotpot-Erlebnis wollen, müssen Sie entweder eine Hotpot-Würzmischung kaufen oder selbst machen, und sie erst kurz vor Beginn der Mahlzeit in die Brühe einrühren. Die fertige Variante ist im Asialaden erhältlich. Nachdem China ein großes Land ist, und man in den meisten Landesteilen Hotpot isst, sind die Hotpot-Würzmischungen je nach Herkunft sehr unterschiedlich. Viele bestehen nur aus einem Kit mit verschiedenen trockenen Gewürzen oder einer langweiligen Instant-Brühe. Solche sollten Sie meiden. Stattdessen sollten Sie nach Würzpasten suchen, die aus einem Klumpen Fett mit Chili, Szechuanpfeffer, MNG und vielen Gewürzen bestehen. Drücken Sie auf das Päckchen, wenn es nicht durchsichtig ist, und fühlen Sie, ob es sich nach hart gewordenem Fett anfühlt. Lesen Sie auch die Zutatenliste auf der Packung, damit die Würzpaste auch vegetarisch ist und entweder aus Szechuan oder aus Chonquing kommt.

Gemüse

Ein großer Teller Gemüse, das dann in den Hotpot getaucht wird, ist ein Muss. Es ist lecker, gesund und wichtig für die Variation. Verschiedene Sorten Kohl, Salat und Sprossen sind immer gut. In dünne Scheiben geschnittene Kartoffeln und anderes Wurzelgemüse sind fast ein Muss. Und Pilze, vergessen Sie die Pilze nicht!

Kaufen Sie einfach das, was gut aussieht und auf dem Markt gerade Saison hat, oder durchforsten Sie den Asialaden nach seltsamen Dingen wie Bittermelone und Lotuswurzel. Das Tolle an Hotpot ist, dass man darin fast alles zubereiten kann. Hier werden die Grenzen nur von der Fantasie und normalem menschlichem Anstand gesetzt. Probieren Sie es aus! Und wenn es nicht schmeckt, probieren Sie etwas anderes.

Nudeln & Tofu

Frische Nudeln werden nach einem kurzen Bad in der Brühe magisch, genauso wie Reiskuchen, die eine wunderbare Konsistenz bekommen und normalerweise im Kühlregal jedes Asialadens zu finden sind.

Auch den Tofu nicht vergessen, er ist unschlagbar darin, Aromen aufzusaugen. Hier sind die Variationen enorm. Man kann normalen festen Tofu verwenden, frittierten oder meine Lieblingsvariante: Tofublätter, die man normalerweise in Form von getrockneten Stangen bekommt, die vor der Verwendung eingeweicht werden.

Dip

Nachdem man seine Zutaten in dem Hotpot gebadet hat, muss man sie noch in einen Dip tauchen. In Hotpot-Restaurants hat man normalerweise ein ganzes Dip-Arsenal voller verschiedener Saucen, mit denen man sein Meisterwerk komponieren kann. In Szechuan dagegen hat man im Prinzip nur eine einzige Sorte Dip. Dafür muss man nur eine obszöne Menge an Sesamöl in eine Schüssel füllen, einen Schuss Sojasauce dazugeben, Unmengen von Knoblauch hineinreiben und das Ganze mit fein gehacktem Koriander bestreuen. Geben Sie jedem Gast ein eigenes Schüsselchen, und wie schon erwähnt, geizen Sie nicht mit dem Sesamöl.

Sehen Sie es einfach als mutige Antwort für alle Feiglinge und Weicheier, die jemals gesagt haben, man solle »nur einen Tropfen Sesamöl verwenden, sonst übertüncht es doch alles andere«.

Hotpot

火锅

Auch wenn szechuanischer Hotpot so scharf sein kann, dass es einem die Röte ins Gesicht treibt, hat er eine hinterhältige Art von Schärfe, die sich langsam anschleicht. Je mehr die Brühe sich reduziert, desto schärfer wird er, was eine schrittweise Gewöhnung ermöglicht, und außerdem ist die Kombination aus MNG, Brühe und Gewürzen so verdammt lecker, dass es einem ganz einfach egal ist. Obwohl ich immer eine mildere Variante im einen Teil des Hotpots habe, dippen die Allermeisten ihre Sachen lieber in die scharfe – sogar Kinder, Alte und Feiglinge.

4–8 Portionen

Brühe
2 l vegetarische Brühe, gekauft oder selbst gemacht, siehe Seite 30
4 Frühlingszwiebeln, grob geschnitten
5 cm Ingwer, in Scheiben geschnitten
2 EL Zucker
Salz
1 Prise MNG (optional)
1 Päckchen Hotpot-Würzpaste
2 EL Huangdojiang (fermentierte Bohnenpaste)

Pro Person
200 g Gemüse nach Wahl
200 g Nudeln, Tofu, Reiskuchen … nach Wahl

Dip, pro Person
3 EL Sesamöl
1 EL helle Sojasauce
2 Knoblauchzehen, gerieben
1 Bund Koriander, gehackt

ZUBEREITUNG

… Brühe mit Frühlingszwiebeln und Ingwer 30 Minuten köcheln lassen.

… Mit Zucker, Salz und MNG nach Belieben abschmecken.

… Gemüse in dünne Scheiben schneiden, am besten mit einem Gemüsehobel, und hübsch auf Tellern anrichten.

… Nudeln und Tofu hübsch auf verschiedenen Tellern anrichten. Wenn Sie etwas verwenden, das vorgekocht oder eingeweicht werden muss, dann bereiten Sie es vor.

… Zutaten für den Dip miteinander vermischen und für jeden Gast ein Schüsselchen füllen.

… Alle Zutaten auf den Tisch und den Topf auf einem Gaskocher in die Mitte stellen.

… Die Brühe in zwei Teile aufteilen, wenn Sie einen solchen Topf haben, die Hotpot-Würzpaste in die eine Hälfte geben und die andere mit Huangdojiang aufpeppen.

… Wenn die Brühe kocht und die Würzpaste sich aufgelöst hat, bekommen alle Gäste Essstäbchen, ein Schälchen, etwas Dip – und los geht's! Für kleinere Dinge können die Gäste Essstäbchen benutzen, während andere, die etwas mehr Zeit brauchen, z. B. Wurzelgemüse und Reiskuchen, einfach in den Topf geworfen und herausgeholt werden, wenn man Lust darauf hat. Am besten fängt man mit Gemüse an, sodass die Brühe noch aromatischer wird, und geht dann schrittweise zu stärkehaltigen Dingen wie Nudeln und Reiskuchen über.

So machen Sie hausgemachte chinesische Nudeln mit Ihrer Nudelmaschine

DIE ESSENSSZENE, die bei mir vermutlich die größten Spuren hinterlassen hat, spielt sich im Jahr 2019 in der White Dragon Noodle Bar in Los Angeles ab. Gebeugt sitzt Harrison Ford zwischen den blinkenden Neonschriftzügen im Regen und schlürft Nudeln, und sofort versteht man drei Dinge: Dass Rick Deckard ein Badass ist, der seinen eigenen Weg geht, dass es kein cinematischeres Gericht gibt als asiatische Nudeln und dass *Blade Runner* noch immer die wahrste Zukunftsvision ist, die jemals verfilmt wurde. Zumindest aus der Perspektive des Essens. Denn heute essen wir ja genau wie in diesem Film.

In den Achtzigerjahren, als die Filmszene, die nicht in Philip K. Dicks ursprünglicher Erzählung zu finden ist, aufgenommen wurde, gab es eine Zeit, in der der ostasiatische Einfluss sich im Westen enorm erhöhte. Japanische Technik überschwemmte den Weltmarkt und die Wall Street war völlig schockiert über all die ostasiatischen Firmen, die amerikanische Unternehmen aufkauften und übernahmen. Die Nudelszene wurde also hinzugefügt, um zu zeigen, dass in der fernen Zukunft 2019 der asiatische Einfluss so groß geworden ist, dass sogar ein so einfacher, raubeiniger Typ wie Rick Deckard seltsame asiatische Nudelgerichte isst, bevor er seinen ganz normalen Arbeitstag als Jäger entflohener Mörderroboter beginnt.

Seitdem sind Nudeln zum Symbol für die kulturell führende, globalisierte Gesellschaft der Zukunft geworden. In Videospielen, Mangaserien, Büchern, Filmen und im Fernsehen schlürft man Asia-Nudeln. Edward James Olmos, der Bulle, der Deckard stört, als er in der White Dragon Noodle Bar seine Nudeln isst, verspeist im Reboot von *Battlestar Galactica* aus dem Jahr 2004 selbst Nudeln, und wenn man in *Das fünfte Element* zeigen will, wie multikulturell die Zukunft ist, und signalisieren, dass der Taxifahrer Korben Dallas eigentlich ein Badass ist, was lässt man ihn essen? Asia-Nudeln natürlich. Aus einem fliegenden Restaurant, geparkt vor seinem Wohnungsfenster.

Nachdem wir bereits in der Zukunft leben, ist es vielleicht Zeit, dass Sie lernen, wie man chinesische Nudeln selbst macht, und mithilfe Ihrer Nudelmaschine Ihre Küche sich in die White Dragon Noodle Bar verwandelt.

Selbst gemachte Nudeln

Alkalische Weizennudeln

Auch wenn das Angebot an chinesischen Weizennudeln für den Anfänger unübersichtlich wirken mag, kann man es auf drei Grundsorten herunterkochen: Weizen-Wasser-Nudeln, Eiernudeln und alkalische Nudeln. Alkalische Nudeln verwenden eine basische Flüssigkeit namens Jianshui, um bessere Konsistenz und Bissfestigkeit zu erreichen, ähnlich wie beispielsweise japanische Ramen-Nudeln. Es funktioniert allerdings genauso gut, wenn man normales Backpulver noch basischer macht, indem man es ganz einfach im Ofen backt.

4 Portionen

½ TL gebackenes Backpulver, siehe Kasten
½ TL Salz
400 g proteinreiches Dumplingmehl (alternativ italienisches Tipo 00)
Speisestärke zum Bestauben

ZUBEREITUNG

… Gebackenes Backpulver und Salz mit 160 ml Wasser verrühren.

… Mehl in eine Küchenmaschine geben und langsam das Salzwasser zugießen, während sie läuft. Ab und zu ausschalten und herunterschaben, was am Rand klebt. Der Teig ist fertig, wenn er wie Streuselteig aussieht. Wenn Sie keine Küchenmaschine haben, können Sie auch ein Handrührgerät, einen Kochlöffel oder die Hände nehmen.

… Den Teig in Plastikfolie einwickeln und 30 Minuten ruhen lassen.

… Die Nudelmaschine herausholen und die dickste Einstellungsstufe wählen.

… Den Teig vierteln und jeweils einmal durchdrehen, dann in der Mitte falten und noch einmal durchdrehen. Die Ränder der Längsseite in die Mitte falten und erneut durchdrehen. Der Teig sollte inzwischen weich und geschmeidig sein und wie ein langer Schlips mit gleichmäßigen Rändern aussehen. Wenn nicht: weiter falten und durchdrehen.

… Die Größe der Walzen um eine Stufe verringern und den Teig noch einmal durchdrehen. Mit Speisestärke bestauben, mit Plastikfolie bedecken und bei Zimmertemperatur 1 Stunde ruhen lassen.

… Anschließend mitteldünn walzen, bei meiner Maschine ist das Stufe 5 oder 6.

… Die Schneidwalzen in die Nudelmaschine einsetzen und die Nudeln zuschneiden. Etwa 2 mm, also Spaghettigröße, ist für die meisten chinesischen Nudelsorten genau richtig.

… Die Nudeln mit Speisestärke bestauben und zu einem hübschen Knoten drehen.

… Sofort kochen oder für spätere Verwendung einfrieren.

GEBACKENES BACKPULVER

Etwa 10 Tütchen Backpulver auf ein mit Backpapier belegtes Blech geben und im Ofen bei 135 °C 1 Stunde backen. Das Pulver in einen Behälter geben und trocken verwahren. Hält sich Ewigkeiten. Kontakt mit den Augen vermeiden, das kann zu Reizungen führen.

Eiernudeln

Der Schlüssel, um ohne Backpulver Nudeln mit Biss zu machen, ist ein sehr »trockener« Teig sowie ein möglichst proteinreiches Mehl, um die 13 Prozent sind genau richtig. Wenn Sie ein gutes asiatisches oder italienisches proteinreiches Mehl finden, dauert es nicht viel länger als ein paar Minuten, diese Eiernudeln herzustellen.

4 Portionen

6 Eigelb + 1 Eiweiß
½ TL Salz
400 g proteinreiches Dumplingmehl (alternativ italienisches Tipo 00)
Speisestärke zum Bestauben

ZUBEREITUNG

… Eigelb und Eiweiß in eine Schüssel geben und so viel Wasser zugießen, bis das Gesamtgewicht 160 g hat. Salz zufügen und alles gut vermengen.

… Mehl in eine Küchenmaschine geben und langsam die Eiermischung zugießen, während sie läuft. Ab und zu ausschalten und herunterschaben, was am Rand klebt. Der Teig ist fertig, wenn er wie Streuselteig aussieht. Wenn Sie keine Küchenmaschine haben, können Sie auch ein Handrührgerät, einen Kochlöffel oder die Hände nehmen.

… Den Teig in Plastikfolie einwickeln und 30 Minuten ruhen lassen.

… Die Nudelmaschine herausholen und die dickste Einstellungsstufe wählen.

… Den Teig vierteln und jeweils einmal durchdrehen, dann in der Mitte falten und noch einmal durchdrehen. Die Ränder der Längsseite in die Mitte falten und erneut durchdrehen. Der Teig sollte inzwischen weich und geschmeidig sein und wie ein langer Schlips mit gleichmäßigen Rändern aussehen. Wenn nicht: weiter falten und durchdrehen.

… Die Größe der Walzen um eine Stufe verringern und den Teig noch einmal durchdrehen. Mit Speisestärke bestauben, mit Plastikfolie bedecken und bei Zimmertemperatur 1 Stunde ruhen lassen.

… Anschließend mitteldünn walzen, bei meiner Maschine ist das Stufe 5 oder 6.

… Die Schneidwalzen in die Nudelmaschine einsetzen und die Nudeln zuschneiden. Etwa 2 mm, also Spaghettigröße, ist für die meisten chinesischen Nudelsorten genau richtig.

… Die Nudeln mit Speisestärke bestauben und zu einem hübschen Knoten drehen.

… Sofort kochen oder für spätere Verwendung einfrieren.

NUDELN UND DUMPLINGS FÜR WANTAN-SUPPE

Wenn Sie Wantan-Suppe machen wollen, folgen Sie den Anweisungen für Eiernudeln, bis es Zeit ist, den Teig auszurollen. Stellen Sie dann aus der Hälfte des Teigs Nudeln und aus der anderen Hälfte Dumplingteigblätter her. Für die Nudeln: dünn walzen, Stufe 2 oder 3 passt normalerweise gut. Die Schneidwalze in die Nudelmaschine einsetzen und die Nudeln in etwa 1 mm breite Streifen schneiden, benutzen Sie einfach den dünnsten Einsatz. Mit Speisestärke bestauben und die Nudeln zu einem Knoten drehen. Für die Dumplingteigblätter: den Teig dünn walzen, Stufe 2 oder 3 passt normalerweise gut. Den Teig in etwa 10 x 10 cm große Quadrate schneiden, mit Speisestärke bestauben und sofort zubereiten oder für spätere Verwendung einfrieren.

Dan Dan-Nudeln

担担面

Dan Dan ist heute ein so bekannter Name, dass das Gericht allmählich Namensgeber für eine ganze Kategorie vage chinesisch schmeckender Nudelgerichte geworden ist. Im Grunde ist es ganz einfach: ein bisschen selbst gemachtes Chiliöl, ein paar Pickles und ein ordentlicher Löffel Sesamsauce – bitte nicht durch Tahini ersetzen. Ein paar frische Weizennudeln obendrauf, gut vermischen und mit lautstarkem Schmatzen und unterdrücktem Stöhnen ab in den Mund!

8 Portionen

Vegetarisches Hack
4 getrocknete Shiitake-Pilze
3–4 EL Douchi (fermentierte schwarze Bohnen)
Erdnussöl (oder anderes Speiseöl)
2 ½ EL Shaoxing-Wein (alternativ trockener Weißwein, Sake oder Sherry)
1 ½ EL helle Sojasauce
½ EL Tianmianjiang (süße Bohnenpaste)

Pro Schale
1 EL Sesamsauce, siehe Seite 19
2–4 EL Chiliöl, siehe Seite 15
1 TL Zucker
1 TL Szechuanpfeffer
1 EL helle Sojasauce
1 EL schwarzer Essig
1 Knoblauchzehe, gerieben
100 g Weizennudeln, siehe Seite 156–157
1 Baby Pak Choy
3 EL vegetarisches Hack, siehe oben
1 EL Suimi Yacai (szechuanischer eingelegter Senfkohl)
1 EL zerstoßene Erdnüsse
1 Frühlingszwiebel

ZUBEREITUNG

… Vegetarisches Hack: Getrocknete Pilze mindestens 30 Minuten in 300 ml Wasser einweichen.

… Pilze und Douchi fein hacken, bis es aussieht wie vegetarisches Hack.

… Das Hack bei mittlerer bis hoher Temperatur in etwas Öl knusprig braten. Das Fett abgießen und Shaoxing-Wein, Sojasauce und Tianmianjiang zufügen.

… Die Zutaten für die Nudelschalen herausholen und vorbereiten.

… Sesamsauce und Chiliöl in Portionsschalen geben. Zucker, Szechuanpfeffer, Sojasauce, schwarzen Essig und Knoblauch zufügen.

… Die Nudeln kochen und den Pak Choy ein paar Minuten mit ins Wasser geben. Das Wasser abgießen, aber in einer Schüssel auffangen. Etwa 4 EL Nudelwasser in jede Schale geben.

… Die Nudeln auf die Schalen verteilen und Pak Choy, vegetarisches Hack, Suimi Yacai, Erdnüsse und in feine Streifen geschnittene Frühlingszwiebel darüber geben.

Dan Dan-Nudeln gibt es sowohl in vegetarischen als auch in fleischhaltigen Versionen, sie können sowohl trocken als auch suppig sein. Wollen Sie eine Nudelsuppe machen wie die Dandanmen, die man in Japan isst, fügen Sie einfach etwa 200 ml vegetarische Brühe hinzu, siehe Seite 30.

Lamian

Das beliebteste chinesische Nudelgericht von allen ist weder Dan Dan noch Biang Biang, sondern eine Nudelsuppe aus Lanzhou namens Lamian – ja, dieses Gericht ist es, von dem die japanische Ramen abstammt. An jeder zweiten Straßenecke in ganz China findet man Nudellokale, die behaupten, handgezogene Nudeln von einem Koch zu haben, der am Nudelinstitut in Lanzhou ausgebildet wurde, und auch wenn in dieser Version geschnittene Nudeln verwendet werden – oh, welch Blasphemie! – ist der Rest tatsächlich ziemlich authentisch.

8–10 Portionen

4 l vegetarische Brühe, gekauft oder selbst gemacht, siehe Seite 30
2 Zwiebeln, grob geschnitten
5 cm Ingwer, in Scheiben geschnitten
1 Zimtstange
4 Sternanis
1 TL Szechuanpfefferkörner
1 TL ganze schwarze Pfefferkörner
1 TL Kreuzkümmelsamen
Salz
2 Bund Koriander
10 Frühlingszwiebeln
1 Rettich
2 Kräuterseitlinge (alternativ andere große Pilze)
4 Knoblauchzehen
Erdnussöl (oder anderes Speiseöl)

Pro Schale
100 g Weizennudeln in Spaghetti-größe, siehe Seite 156–157
Chiliöl, siehe Seite 15

ZUBEREITUNG

… Brühe mit Zwiebeln, Ingwer und Gewürzen 1 Stunde köcheln lassen. Dann durch ein Sieb gießen und mit Salz abschmecken.

… Koriander waschen, trockenschütteln und hacken. Frühlingszwiebeln in Ringe schneiden. Rettich schälen und in dünne Scheiben schneiden.

… Pilze putzen und in dünne Scheiben schneiden. Knoblauch abziehen und in hauchdünne Scheiben schneiden. Einen Wok erhitzen, Pilze hineingeben und ohne Öl braten, bis sie entwässern. Dann etwas Öl und den Knoblauch zufügen und knusprig braten.

… Die Nudeln kochen und auf Schalen verteilen.

… Pro Schale etwa 400 ml heiße Brühe darübergießen und ein paar Pilz- und Rettichscheiben auflegen – sie werden von der Brühe sofort aufgewärmt. Mit Koriander und Frühlingszwiebeln bestreuen und mit Chiliöl beträufeln.

Mixian

米线

Genau wie Lamian bezieht sich Mixian eigentlich nicht auf das Nudelgericht selbst, sondern auf die Nudelsorte, die man verwendet – in diesem Fall frische Reisnudeln aus Yunnan in Südchina, genau an der Grenze zu Vietnam. Wenn Sie diese Nudeln mit Brühe mischen, werden sie jedoch zu einer berühmten Nudelsuppe namens Qiao Mixian – Brückenüberquerungs-Nudeln –, die so aussieht und schmeckt wie vietnamesische Pho.

4 Portionen

Brühe
2 l vegetarische Brühe, gekauft oder
selbst gemacht, siehe Seite 30
2 cm Ingwer, in Scheiben geschnitten
2 Frühlingszwiebeln, grob gehackt
1 EL Zucker
1 EL Sojasauce
1 Prise MNG (optional)
Salz

chinesisches Blattgemüse nach Wahl
1 Bund Koriander
asiatische Pilze nach Wahl
4 Eigelb
Chiliöl, siehe Seite 15
400 g frische Reisnudeln (alternativ
200 g getrocknete)
Sojasprossen

ZUBEREITUNG

… Brühe: Die vegetarische Brühe mit Ingwer und Frühlingszwiebeln etwa 15 Minuten köcheln lassen. Dann Zucker, Sojasauce und MNG nach Belieben zufügen. Mit Salz abschmecken.

… Blattgemüse und Koriander waschen und trockenschütteln, Pilze bei Bedarf putzen. Alles in mundgerechte und geeignete Form zerkleinern und schön auf Tellern anrichten.

… Die Reisnudeln kochen und dann sofort mit kaltem Wasser abschrecken, sodass der Garungsprozess gestoppt wird.

… Die kalten Reisnudeln auf Schalen verteilen.

… Die Brühe erhitzen, über die Nudeln gießen und je 1 Eigelb auflegen.

… Dann Blattgemüse, Koriander und etwas Chiliöl dazugeben.

… Mit Stäbchen und Löffel essen und nach Belieben mit weiteren Zutaten auffüllen.

Auch wenn man hierzulande meistens keine frischen Mixian-Nudeln bekommt, kann man sehr ähnliche kaufen, allerdings in getrockneter Form. Suchen Sie im Asialaden nach sogenannten Jiangxin-Nudeln. Wenn Sie keine bekommen, gehen auch andere Reisnudeln.

Wantan-Suppe

馄饨汤

Das Wort Wantan bedeutet auf Kantonesisch »eine Wolke herunterschlucken«, was diese legendäre Nudel-Dumpling-Suppe aus Hongkong tatsächlich perfekt beschreibt. Frische Nudeln, dünn wie Engelshaar, schwimmen zusammen mit ein paar knittrigen Wantan so fotogen in einer Brühe, dass Wong Kar-wai den Schauspieler Tony Leung das Gericht in einer langen, wunderbaren Szene seines Meisterwerks *In the Mood for Love* essen lässt.

50 Wantan

2 Karotten
200 g frische Pilze nach Wahl
15 Frühlingszwiebeln
1 TL Salz
2 EL helle Sojasauce
2 EL Shaoxing-Wein (alternativ trockener Weißwein, Sake oder Sherry)
2 EL Sesamöl
50 viereckige Dumplingteigblätter, siehe Seite 114

Brühe
4 l vegetarische Gemüsebrühe, gekauft oder selbst gemacht, siehe Seite 30
2 cm Ingwer, in Scheiben geschnitten
3 Frühlingszwiebeln, grob gehackt
1 EL Sojasauce
1 Prise MNG (optional)
Salz

Pro Schale
4–6 Wantan
1 Portion Eiernudeln, siehe Seite 157
1 Kai-lan (chinesischer Broccoli)
400 ml Brühe

ZUBEREITUNG

… Karotten schälen und reiben. Die Pilze putzen und ebenfalls reiben.

… Frühlingszwiebeln fein hacken.

… Einen Wok erhitzen, etwas Öl hineingeben, die Temperatur reduzieren und Karotten, Pilze und Frühlingszwiebeln woken, bis sie beginnen, weich zu werden. Vom Herd nehmen und mit Salz, Sojasauce, Shaoxing-Wein und Sesamöl würzen.

… Die Wantan füllen, indem man einen Klecks Füllung in die Mitte gibt und sie wie auf Seite 117 faltet. Danach einfrieren, siehe Seite 113, oder sofort zubereiten.

… Brühe: Die vegetarische Brühe mit Ingwer und Frühlingszwiebeln 15 Minuten köcheln lassen. Dann Sojasauce und MNG nach Belieben zufügen. Mit Salz abschmecken.

… Wasser in einem großen Topf aufkochen, die Wantan hineingeben und sieden lassen. Wenn sie an die Oberfläche steigen, weitere 1–2 Minuten köcheln lassen, dann sind sie fertig. Mit einer Schaumkelle herausnehmen und auf Schalen verteilen.

… Das Wasser erneut aufkochen und die Eiernudeln darin garen, wenn sie frisch sind, reicht meist eine gute Minute. Kai-lan kurz mitgaren.

… Nudeln und Kai-lan in die Schalen geben, je 400 ml heiße Brühe darübergießen und sofort essen.

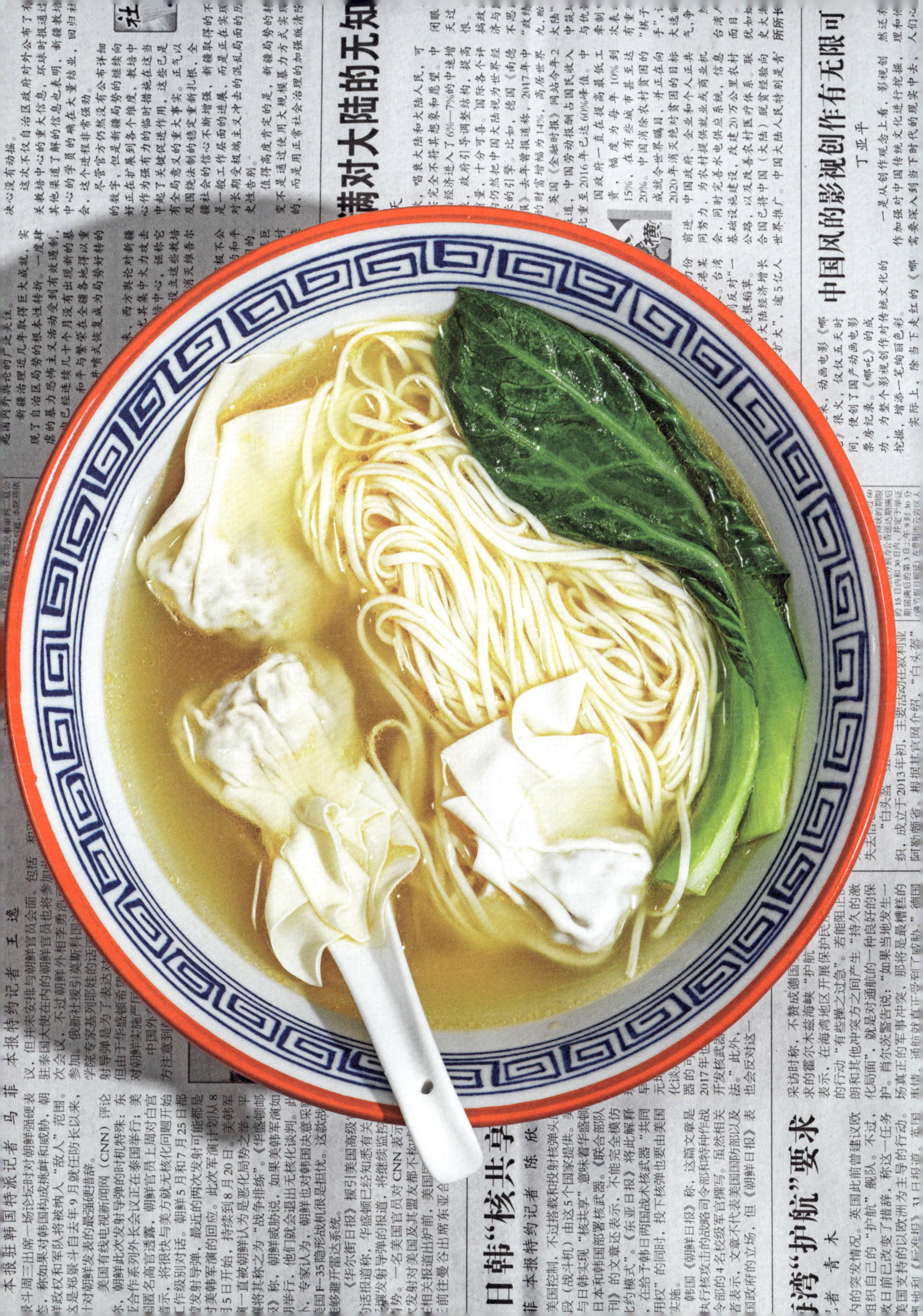

中国风的影视创作有无限可
满对大陆的无知
日韩"核共享
湾"护航"要求

空调开放

Biang Biang-Nudeln in Xian

Biang Biang-Nudeln

比昂比昂面条

In den muslimischen Vierteln der nordchinesischen Stadt Xian hört man überall das Geräusch von Nudeln, die auf Arbeitsflächen geklatscht – Biang! Biang! – und dann in kochende Töpfe geworfen und mit mürbem Rindfleisch serviert werden, was schmeckt, als hätte eine Portion Spaghetti ihren Weg über den mittleren Osten gefunden und wäre dann entlang der Seidenstraße bis nach China weitergefahren – oder ist es vielleicht umgekehrt? Zu den Nudeln: Eine Schüssel voll roher Knoblauchzehen, in die man zwischen den Happen beißt, und eine Flasche Ice Peak, eine klassische xianesische Orangenlimonade (die aber auch durch Fanta ersetzt werden kann).

4 Portionen

600 g Nudelmehl (alternativ
italienisches Tipo 00)
1 ½ TL Salz
50 ml Erdnussöl (oder anderes
Speiseöl)

Pro Schale
1 Kai-lan (chinesischer Broccoli)
1 EL helle Sojasauce
½ EL würziger Essig, siehe Seite 19
2 Knoblauchzehen
1 Frühlingszwiebel
50 g Suan Cai (chinesisches Sauerkraut)
fertig gekauft oder siehe Seite 33
½ TL Szechuanpfeffer
2 TL Chiliflakes
4 EL Erdnussöl (oder anderes Speiseöl)

ZUBEREITUNG

… Nudeln: Mehl und Salz mischen. 300 ml Wasser darübergießen und verkneten. Den Teig abgedeckt 1 Stunde ruhen lassen.

… Dann den Teig 2 Minuten kneten, in 16 Stücke teilen und zu kleinen Würsten rollen. Die Teigwürste mit Öl einreiben und gut abgedeckt 2 Stunden ruhen lassen.

… Die Nudelwürste mit der Handfläche flach drücken und zu länglichen Bändern ausrollen. Ein liegendes Essstäbchen kurz in die Mitte drücken. Dann die Nudeln an den Enden aufheben und vorsichtig langziehen, während der Teig gegen den Tisch geklatscht wird, biang biang! (Siehe Foto auf der nächsten Doppelseite). Wenn die Nudel dort, wo sie gehalten wird, zu dünn wird, weiter nach innen greifen. Die Nudeln halbieren, dazu werden sie dort, wo das Essstäbchen eingedrückt wurde, auseinandergezogen.

… Die Nudeln in einen großen Topf mit kochendem Wasser werfen und kochen, bis sie gar sind, meist reicht eine gute Minute. Gleichzeitig den Kai-lan kochen.

… Schalen bereitstellen und in jede Sojasauce und würzigen Essig geben. Knoblauch abziehen und reiben, Frühlingszwiebeln fein hacken.

… Eine Portion frisch gekochte Nudeln in jede Schale füllen und gekochten Kai-lan und Suan Cai dazugeben.

… Einen Berg geriebenen Knoblauch, ein paar gehackte Frühlingszwiebeln, Szechuanpfeffer und Chiliflakes auf die Nudeln geben.

… 4 EL Erdnussöl pro Schale bis knapp unter den Rauchpunkt erhitzen und über die Nudeln gießen, sodass es schön zischt.

… Umrühren und aufessen.

Wie man rekordverdächtigen superseidigen Douhua-Tofu selbst macht

~~~~~~

ÜBERALL IN DER CHINESISCHEN WELT ist es in, frisch gemachten, noch lauwarmen Tofu des Typs zu essen, den wir im Westen meist Seidentofu nennen, der jedoch in China meist Douhua, kurz für Doufuhua, genannt wird. Genau wie Seidentofu macht man Douhua aus Sojamilch mit Calciumsulfat als Flockungsmittel, aber es ist eine deutlich weichere Art von Tofu, eher wie ein Pudding als etwas, das man in Scheiben schneiden und in Suppen und Eintöpfe geben kann wie beispielsweise Mapo Tofu.

Auch wenn Tofu eine sehr regionale Art von Gericht ist, dessen Varianten und Namen je nach Gegend enorm unterschiedlich sein können, kann man vielleicht generell sagen, dass Douhua ein leichter, glatter, fast schon flüssiger Tofu-Pudding ist, den man sowohl in süßen als auch in salzigen Versionen essen kann.

Will man Douhua selbst herstellen, und das auch noch aus selbst gemachter Sojamilch, wird es eine sehr aromatische, rustikale, etwas körnigere und ehrlich gesagt viel leckerere Art von Douhua – allerdings ist es die Hölle, Sojamilch selbst zu machen. Nein, diese einfache Schnellversion aus gekaufter Sojamilch hat ein deutlich besseres Preis-Leistungs-Verhältnis.

Schneller Douhua

Schneller, selbst gemachter Tofupudding, der nicht viel schwieriger zu machen ist als eine Tasse Tee.

2–4 Portionen

500 ml Sojamilch
2 TL Gypsum Powder
(lebensmittelechtes Calciumsulfat)
1 TL Kartoffelmehl
2 TL Wasser

ZUBEREITUNG

… Nachdem selbst gemachte Sojamilch cremiger und dicker ist als gekaufte, muss man die Sojamilch zuerst auf ungefähr zwei Drittel einkochen. Vorsicht – sie darf nicht anbrennen oder überkochen. Das dauert etwa 10 Minuten.

… Gypsum Powder und Kartoffelmehl in 2 TL Wasser auflösen.

… Diese Mischung in die kochende Sojamilch geben und beiseitestellen.

… Bei geschlossenem Deckel abkühlen und eindicken lassen. Währenddessen eines der drei Toppings von Seite 178 vorbereiten.

Drei Sorten Douhua

豆花

Douhua mit Zwiebeln & Sojasauce

Süß-salziger, superleckeres Alltagsdouhua mit minimalen Zutaten und maximalem Geschmack.

    4 Knoblauchzehen
    ½ kleine Zwiebel
    1½ EL Erdnussöl
    1 Frühlingszwiebel
    1 EL helle Sojasauce
    300 g selbst gemachter Douhua, siehe Seite 177
    (alternativ gekaufter Seidentofu)

ZUBEREITUNG

… Knoblauch und Zwiebel abziehen, beides fein hacken. Frühlingszwiebel in Ringe schneiden.

… Öl in einen Topf geben und Knoblauch und Zwiebel auf mittlerer Stufe braten, bis eine braune, karamellisierte Masse entsteht. Vom Herd nehmen und Sojasauce einrühren.

… Die Mischung über den Tofu gießen und mit Frühlingszwiebel bestreut servieren.

Chengdu Douhua

Wenn Sie Ihre Hausaufgaben gemacht und selbst gemachtes Chiliöl zu Hause haben, müssen Sie diesen szechuanischen Streetfood-Klassiker einfach ausprobieren. Supereinfach und superlecker.

    35 g Erdnüsse
    1 EL Suimi Yacai (szechuanischer eingelegter Senfkohl, alternativ selbst gemachter Suan Cai, siehe Seite 33)
    1 Frühlingszwiebel
    300 g selbst gemachter Douhua, siehe Seite 177
    (alternativ gekaufter Seidentofu)
    1 EL Chiliöl, siehe Seite 15
    1 EL helle Sojasauce

    1 TL schwarzer Essig
    1 TL Sesamöl
    1 Prise Szechuanpfeffer

ZUBEREITUNG

… Erdnüsse und Suimi Yacai hacken. Die Frühlingszwiebel in Ringe schneiden.

… Den Tofu in eine Schüssel geben.

… Chiliöl, Sojasauce, Essig und Sesamöl darüber geben.

… Mit Frühlingszwiebel, Erdnüssen, Suimi Yacai und Szechuanpfeffer bestreuen.

Süßer Douhua

Die vielleicht üblichste Art, Douhua zu essen, ist in Form von veganer, chinesischer Panna Cotta. Kinder mögen sie meist einfach mit etwas Zucker bestreut, auch wenn es noch leckerer ist, sich an der Variante aus Taiwan und Hongkong zu orientieren und einen einfachen Ingwersirup darüber zu gießen.

    5 cm Ingwer
    100 g Kandiszucker
    2 EL brauner Zucker
    300 g selbst gemachter Douhua, siehe Seite 177
    (alternativ gekaufter Seidentofu)

ZUBEREITUNG

… Ingwer schälen und grob schneiden.

… 250 ml Wasser in einem Topf erhitzen und Kandiszucker, braunen Zucker und Ingwer zufügen.

… Etwa 15 Minuten köcheln lassen, bis der Zucker geschmolzen ist und der Ingwer Geschmack abgegeben hat. In ein Kännchen abseihen.

… Den Tofu in eine Schüssel geben und mit dem Sirup übergießen.

Douhuafan

豆花饭

Wenn man Douhua mit einer Portion Reis isst, kann man ein »Fan« an den Schluss hängen. Und genau das bin ich von diesem Gericht! Der weiche, cremige Tofu liegt wie eine tröstende Decke über dem Reis, und gleichzeitig sorgen Sojasauce und Chilicrisp für Schärfe und Umami. Ja, ich prophezeie, dass dies Ihr neuer Alltagsfavorit wird. Wenn man das möchte, kann man den selbst gemachten Chilicrisp durch Laoganma ersetzen. Und wenn wirklich Not am Mann ist, kann man sogar fertigen Seidentofu im Asialaden kaufen.

Pro Schüssel	**Z** … Reis kochen.
	U … Knoblauch abziehen und reiben.
1 Portion Jasminreis	**B** … Frühlingszwiebel fein hacken.
2 Knoblauchzehen	**E** … Koriander grob hacken.
1 Frühlingszwiebel	**R** … Die übrigen Zutaten bereitstellen.
½ Bund Koriander	**E**
200 g selbst gemachter Douhua-Tofu,	**I** … Eine Portion Reis in eine Schale geben und ein paar ordentliche Löffel
siehe Seite 177 (alternativ gekaufter	**T** Douhua darauf verteilen.
Seidentofu)	**U** … Chilicrisp, Sojasauce, geriebenen Knoblauch und MNG nach Belieben
2 EL Chilicrisp, siehe Seite 16	**N** darüber geben.
1 EL helle Sojasauce	**G** … Mit Frühlingszwiebel, Koriander und Sesam bestreuen.
1 Prise MNG (optional)	
1 TL geröstete Sesamsamen	

Wenn Sie das Rezept variieren wollen, können Sie wie in Yunnan üblich Douhua Mixian machen, Reisnudeln mit Tofupudding. Dazu runde, etwas dickere Reisnudeln kochen (alternativ normale), zwei große Löffel Douhua und genauso viel Chiliöl, Chilicrisp oder Laoganma darauf verteilen und anschließend Suan Cai, siehe Seite 33, Frühlingzwiebeln und etwas süße Sojasauce, siehe Seite 19, darüber geben. Das vegetarische Bohnenhack von Seite 159 würde auch gut dazu passen, genauso wie eine Handvoll Erdnüsse.

Temple Street Night Market, Hongkong

Eine kurze Einführung in das am meisten unterschätzte Dessertland der Welt

DENKEN SIE AUCH, CHINESISCHE DESSERTS erschöpfen sich in frittierten Bananen? Oder, noch schlimmer, sind Sie der Typ, der behauptet, dass »man in Ostasien keine Desserts isst, sondern sich meist mit einer Scheibe Obst nach dem Essen zufriedengibt«?

In diesem Fall haben Sie unrecht. China ist ein fantastisches Dessertland. Zusammen mit Großbritannien vielleicht das beste der Welt. Aber während die Briten ihre traditionellen herzhaften Desserts mit Pie, Pudding und Vanillesauce à la Großmutter auf ihren logischen Punkt gebracht haben, ist das chinesische Süßspeisenerlebnis genau das Gegenteil. Hier ist dem westlichen Leckermaul nichts wohlbekannt. Fast alles lässt einen den Kopf schief legen und murmeln: »Aber was ist denn das?«

In ein modernes chinesisches Dessertlokal, eine Boba-Teebar oder ein Baobing-Restaurant zu gehen macht einen ganz einfach genauso nervös und erwartungsvoll, als hätte man ein goldenes Ticket in seiner Schokoladentafel gefunden, das einen in Willy Wonkas Fabrik einlädt.

Der Grund dafür ist natürlich, dass klassische chinesische Desserts in unserer westlichen Desserttradition nicht vorkommen. Sie bestehen weniger aus Keksen, Eis und Torte als aus Glutenreis, Sesamsamen und süßen Bohnen. Anstelle von Paris-Brest und St Emilion au Chocolat isst man süße, weiße Judasohrensuppe, oder warum nicht einen Teller Misteltee mit Datteln, Lotussamen und einem gekochten Ei?

Und natürlich spiegeln sich diese Traditionen auch im modernen Dessertangebot von heute.

Mein Schlüssel zu dieser neuen, schönen Süßigkeitenwelt kam in Form des Buchstabens Q. In der taiwanesischen Küche ist die Konsistenz, wenn nicht wichtiger, dann zumindest genauso wichtig wie der Geschmack. Und keine Konsistenz ist beliebter als Q – die merkwürdig bissfeste, etwas zähe Beschaffenheit, die auch im Rest Ostasiens sehr populär ist, aber von der die meisten Bewohner der westlichen Welt nichts verstehen. Q wird auch Tan Ya genannt, was so viel heißt wie wieder abprallende Zähne, und man strebt sie bei allem Möglichen an, von Fischbällchen und Dumplings bis zu Mochi, Bobakugeln und Desserts.

Ich habe wohl drei Q-Versuche gebraucht, um von einer zweifelnden Einstellung über »das schmeckt eigentlich ganz gut« bis zu »ich will nie mehr etwas Süßes essen, das nicht Tan Ya ist« zu kommen, und ich hoffe, dieses Buch hat dieselbe Auswirkung auf Sie.

Tang Yuan

Tang Yuan ist ein traditionelles chinesisches Dessert, das beim Laternenfest gegessen wird und eine Art Urvater aller anderen asiatischen Gerichte mit der merkwürdigen Q-Konsistenz ist – von Boba bis zu Mochi. Sehr Q-ige Sticky Rice-Bällchen in einer süßen Suppe zu essen, fühlt sich für uns Bewohner der Nordhalbkugel, die an Streuselkuchen und Muffins gewohnt sind, vielleicht etwas ungewohnt an, aber ich verspreche Ihnen: Wenn man sich einmal daran gewöhnt hat, will man nichts anderes mehr.

5–6 Portionen

Füllung
65 g geröstete Erdnüsse (alternativ geröstete schwarze Sesamsamen)
60 g Puderzucker
1 Prise Salz
100 g zerlassene Butter

Teig
180 g Sticky Rice-Mehl
2 TL Zucker
1 ½ EL Erdnussöl (oder anderes Speiseöl)

Suppe
1 asiatische Birne (alternativ normale europäische Birne)
5 cm Ingwer
50 g Kandiszucker
1 EL Gojibeeren

ZUBEREITUNG

… Füllung: Erdnüsse, Puderzucker und Salz zu einem groben Pulver mixen. Zerlassene Butter darübergießen und vermengen. Mit den Händen zu 14 Kugeln formen. In den Kühlschrank stellen.

… Teig: Sticky Rice-Mehl und Zucker mischen. 120 ml Wasser aufkochen und über die Mehlmischung gießen. Etwas abkühlen lassen, das Öl hinzufügen und verkneten, bis der Teig völlig glatt ist. Zu einer langen Rolle formen, diese in 14 Stücke teilen. Zu Kugeln formen, einen Daumen hineindrücken und mit einer eiskalten Kugel Nussmischung füllen. Mit dem Teig bedecken und zu runden Kugeln rollen.

… Suppe: Birne und Ingwer in Scheiben schneiden und mit Kandiszucker in 500 ml Wasser etwa 20 Minuten köcheln lassen. Die Suppe vom Herd nehmen und mindestens 1 Stunde stehen lassen. Durch ein Sieb in einen weiteren Topf abseihen.

… Wasser in einem Topf aufkochen und die Tang Yuan-Kugeln etwa 5 Minuten sieden lassen, bis sie an die Oberfläche schwimmen und gar sind.

… Die Suppe aufwärmen, ein paar Sticky Rice-Bällchen und Gojibeeren hineinlegen und essen.

Sesamliebhaber können die Birnensuppe durch Sesamsuppe ersetzen: 1 ½ l Wasser aufkochen, 125 g Kandiszucker hineingeben und auflösen. Abkühlen lassen und das Zuckerwasser mit 150 g geröstetem schwarzem Sesam mixen, bis eine glatte Creme entsteht. Die Suppe zurück in den Topf gießen, 125 g Sticky Rice-Mehl hinzufügen und köcheln lassen, bis sie eindickt.

Baobing

刨冰

In den meisten ost- und südostasiatischen Ländern isst man dünn gehobeltes Eis mit Kondensmilch, frischen Früchten und einer Menge Toppings – das eine verrückter als das andere. Baobing
ist die chinesische Variante, die jedoch in ihrer vollen, bizarren Pracht in Taiwan erblüht ist,
wo man einen auf Willy Wonka gemacht und aus dem Baobing ein wunderbar maximalistisches
Dessert gezaubert hat, bei dem fast alles als Topping dienen kann.

Ananassirup	**Z** … Ananassirup: Ananas schälen, mit einem Obstausstecher Kugeln aus-
200 g Ananas	**U** stechen und beiseitelegen. Kalt stellen. Den Rest der Ananas in Stücke
180 g Zucker	**B** schneiden und in einen Topf geben. Zucker dazugeben und mindestens
	R 1 Stunde ziehen lassen. 150 ml Wasser zugießen, vorsichtig erhitzen,
	E sodass der Zucker schmilzt. Abkühlen lassen. Durch ein Sieb abseihen
Mochi	und im Kühlschrank verwahren.
65 g Erdnüsse	**I**
150 g brauner Zucker	**T** … Mochi: Die Erdnüsse zu feinem Sand mixen, mit braunem Zucker und
1 Prise Salz	Salz vermischen und auf einen Teller geben.
180 g Sticky Rice-Mehl	**U** … Sticky Rice-Mehl mit Zucker mischen. 120 ml Wasser aufkochen und über
2 TL Zucker	**N** die Mehlmischung gießen. Abkühlen lassen, Öl hinzufügen und kneten,
1½ EL Öl	**G** bis der Teig glatt ist. Den Teig zu Kugeln formen. Wasser aufkochen
	und die Kugeln etwa 5 Minuten ziehen lassen, bis sie an die Oberfläche
	steigen. Mit kaltem Wasser abschrecken und im Erdnusspulver wälzen.

Pro Eis
400 ml Eiswürfel
3–4 Ananaskugeln
3 EL schwarze und weiße Bobaperlen
3–4 selbst gemachte Erdnussmochi,
siehe oben
100 ml gesüßte Kondensmilch
50 ml Ananassirup, siehe oben

… Eiswürfel im Mixer zerkleinern, bis sie Schnee ähneln. Wenn Sie wie ich
einen Ice-Shaver haben, ist das natürlich noch besser. Den Schnee in
eine Schüssel geben, am besten in Form eines hübschen Gipfels.
… Ananaskugeln, Bobaperlen und Mochi um den Rand legen.
… Eine Sekunde vor dem Servieren: gesüßte Kondensmilch und Ananassirup darübergießen und sofort reinhauen.

SMARTE SACHE

Wenn Sie es nicht schaffen, Baobing nach
allen Regeln der Kunst zu machen, ist
es auch extrem lecker, selbst gemachtes
Erdnussmochi zu einer Schüssel Speise-
eis zu essen. Scheuen Sie sich auch nicht,
das Rezept mit so gut wie allem, was Sie
wollen, zu variieren!

Mango Black Rice

芒果黑糯米

Honeymoon Dessert ist eine Restaurantkette, die Tong Sui verkauft, wörtlich »süßes Wasser«, das kantonesische Wort für Dessert. Die Kette gibt es in großen Teilen der chinesischen Welt. Sie ist vielleicht hauptverantwortlich für das Aufpeppen einiger traditioneller chinesischer Desserts wie beispielsweise Tang Yuan, Tofupudding und Sagosuppe und hat auch ein paar neue erfunden. Ein Beispiel ist diese auf Baobing getrimmte Version des klassischen thailändischen Desserts Mango Sticky Rice.

4 Portionen

150 g thailändischer schwarzer Sticky Rice

50 ml + 150 ml Kokosmilch

3 EL Zucker

150 ml Vollmilch

150 ml gesüßte Kondensmilch

2 Mangos

500 ml Eiswürfel

4 Kugeln Vanilleeis

ZUBEREITUNG

… Reis abspülen und über Nacht in 500 ml Wasser quellen lassen.

… 50 ml Kokosmilch und Zucker unter den Reis mischen und in einem Reiskocher kochen, bis der Reis die Flüssigkeit absorbiert hat.

… Im Kühlschrank abkühlen lassen.

… 150 ml Kokosmilch mit Milch und gesüßter Kondensmilch vermischen und im Kühlschrank kalt stellen.

… Die Mangos schälen und in Scheiben schneiden.

… Eiswürfel im Mixer zerkleinern, bis sie Schnee ähneln. Wenn Sie wie ich einen Ice-Shaver haben, ist das natürlich noch besser. Den Schnee auf Schüsseln verteilen.

… Mit einer in Scheiben geschnittenen halben Mango und ein oder zwei Kugeln kaltem schwarzem Reis pro Schüssel belegen.

… Die Milchmischung zugießen und eine Kugel Vanilleeis darauf geben.

BOSS MOVE

Eine beliebte Variante dieses Desserts heißt Mango-Pomelo-Sago und wird so zubereitet: Sago weich kochen. (Sago gibt es auch aus Kartoffelmehl, aber das eigentliche Produkt wird aus dem Mark der Sagopalme hergestellt und ist im Asialaden erhältlich.) Sago mit Mangopüree vermengen und die oben stehende Milchmischung darübergießen. Mit frischen Mangowürfeln und dem fein geschnittenen Fruchtfleisch von ein paar Pomelospalten belegen. Statt Pomelo kann man auch Grapefruit verwenden.

Yum Cha Pancakes

芒果班戟

Yum Cha ist die unglaublich tolle kantonesische Tradition, zum Brunch auszugehen und Tee zu trinken und Dim Sums zu essen. Diese wunderbaren Pfannkuchen, gefüllt mit frischer Mango und Marshmallow-Sahne, sind angeblich eine alte Yum Cha-Nachspeise – auch wenn einige meinen, dass sie eher in australischen Chinarestaurants erfunden wurden, ein bisschen wie unsere gebackenen Bananen mit Honig und Eis. Jedenfalls fand das Dessert zurück nach China, als die Kette Honeymoon Dessert es auf ihre Speisekarte setzte. Heute ist es ein modernes chinesisches Dessert – und eines der leckersten Dinge, die es gibt!

6 Pfannkuchen

Pfannkuchenteig
6 Eier
45 g Zucker
250 ml Vollmilch
150 g Weizenmehl
½ TL Salz
1 TL Vanilleextrakt
gelbe Lebensmittelfarbe

1 EL Gelierzucker
300 g flüssige Schlagsahne
2 EL Puderzucker
3 reife Mangos

ZUBEREITUNG

… Zutaten für den Pfannkuchenteig miteinander vermischen. Dabei so viel Lebensmittelfarbe zufügen, bis der Teig ein kräftiges Gelb hat. Im Kühlschrank mindestens 1 Stunde quellen lassen.

… Gelierzucker in einen Topf geben und in einem Schuss Sahne auf niedriger Stufe schmelzen. Abkühlen lassen.

… Übrige Sahne mit dem Puderzucker schlagen. Wenn sie fest zu werden beginnt, den abgekühlten Gelierzucker zufügen und schlagen, bis sie steif ist.

… Dünne Pfannkuchen in einer Teflonpfanne auf niedriger Stufe, ohne sie zu wenden, backen. Dabei den Deckel auflegen, sodass die Oberseite gedämpft und schön weich wird.

… Mangos schälen und das Fleisch in je zwei ganzen Stücken vom Kern schneiden. Die Mangostücke so trimmen, dass sie zu zwei etwa 3 x 5 cm großen Rechtecken werden.

… Kreise mit etwa 18 cm Durchmesser aus den Pfannkuchen stechen (als Schablone kann man eine Untertasse in geeigneter Größe nehmen). Einen Pfannkuchen mit der Bratseite nach oben auf einen Teller legen. 2 EL geschlagene Sahne in die Mitte geben und ein Stück Mango mit der abgerundeten Seite nach unten darauflegen.

… Zwei gegenüberliegende Seiten des Pfannkuchens zur Mitte falten. Die anderen beiden zu einem schönen Paket nach oben schlagen. Mit der Faltung nach unten auf einen Teller legen und für 1 Stunde in den Gefrierschrank stellen, sodass man sie leichter schneiden kann.

… Halbieren und servieren.

Black Sugar Boba

珍珠奶茶

Boba, auch Bubble Tea oder Pearl Milk Tea genannt, wurde angeblich in den Achtzigerjahren in Taiwan erfunden, als ein findiger Straßenküchenbesitzer ein Baobing bestehend aus gehobeltem Eis und Tapiokaperlen mit einem Glas Milk Tea kombinierte. Das neue Erfrischungsgetränk wurde bald Boba genannt, was ein chinesisches Slang-Wort für »Busen« ist, und eine moderne Essensikone war geboren. Heute macht die globale Bobaindustrie 2–3 Milliarden Dollar Umsatz, und das Getränk ist ein so fester Bestandteil der taiwanesischen Identität geworden, dass man erwägt, einen goldfarbenen Plastikbecher mit Boba auf die Vorderseite des Passes zu prägen. Auch wenn es Boba in Unmengen von mehr oder minder synthetischen Geschmacksrichtungen gibt, ist der klassische Geschmack von taiwanesischem schwarzem Zucker der absolut populärste und das Einzige, was laut meinen Kindern leckerer ist als Gummibärchen.

4 Portionen

4 EL schwarze Ceylon-Teeblätter
500 ml Kaffeesahne oder Vollmilch
120 g schwarze Tapiokaperlen
Eiswürfel

Black Sugar-Sirup
70 g Black Sugar (alternativ
Muscovadozucker)

ZUBEREITUNG

… 1 l Wasser mit Teeblättern aufkochen und etwa 5 Minuten sieden lassen, vom Herd nehmen und den Tee 15 Minuten ziehen lassen. Den Tee durch ein Sieb abgießen, Kaffeesahne zufügen und zum Abkühlen in den Kühlschrank stellen.

… Die schwarzen Tapiokaperlen nach Packungsanweisung zubereiten – manche müssen nur in gekochtem Wasser quellen, andere in einem ziemlich komplizierten Prozess gekocht werden. Wenn sie fertig sind, sollten sie jedenfalls die unverwechselbare Q-Konsistenz haben, das heißt weich und geleeartig, aber gleichzeitig bissfest. Wenn sie zu hart sind, noch etwas kochen.

… Black Sugar-Sirup: 50 ml Wasser mit schwarzem Zucker auf niedriger Stufe einkochen, bis es dick zu werden beginnt, es sollte etwas flüssiger sein als Ahornsirup.

… Die Bobaperlen in ein Sieb abgießen und mit dem Sirup vermischen.

… Das Glas schräg halten und Black Sugar-Sirup an den Innenrand gießen. Das Glas drehen, sodass der Sirup an der ganzen Innenseite des Glases hängen bleibt.

… Das Glas mit Eiswürfeln und Milchtee füllen.

… Umrühren, sodass der Sirup sich mit dem Tee vermischt, und durch einen sehr dicken Strohhalm trinken. Wenn ein normaler Strohhalm verwendet wird, mit einem Löffel servieren, damit man an die Tapiokaperlen herankommt.

Cheese Tea

奶盖茶

Obwohl China so viele fantastische Fast-Food-Lokale hat, ist die längste Schlange trotzdem immer vor all den Teebars, die als Nachwirkung des taiwanesischen Boba-Booms der Achtziger-jahre entstanden sind. Erinnern Sie sich an die Hysterie, als Paris Hilton damals nie mehr ohne eine Latte von Starbucks im To-go-Becher gesehen wurde, und multiplizieren Sie sie mit zehn, dann verstehen Sie vielleicht, wie enorm populär es ist, mit einem taiwanesischen Boba, Fruit Tea oder Cheese Tea herumzulaufen – Letzteres ist ein süßer, fruchtiger Eistee mit einem süßen, cream cheese-artigen Schaum. Die Varianten sind so viele wie lecker und sie schmecken ein bisschen, als hätte ein Milchshake zusammen mit einem Slushie Nachwuchs bekommen (während gleichzeitig böse Zungen behaupten, der Nachwuchs sähe dem Nachbarn Earl Grey verdächtig ähnlich).

4 Portionen	**Z** ... 1,2 l Wasser mit Teeblättern und Zucker aufkochen. Etwa 5 Minuten
	U sieden lassen, von der Platte nehmen und etwa 15 Minuten ziehen
4 EL schwarze Ceylon-Teeblätter	**B** lassen. Den Tee durch ein Sieb gießen und zum Abkühlen in den Kühl-
85 g Zucker	**E** schrank stellen.
200 g gefrorene Früchte oder	**R** ... Cheese-Creme: Kondensmilch mit Frischkäse verrühren. Sahne mit
Beeren nach Wahl	**E** Zucker und Salz aufschlagen. Die beiden Mischungen miteinander
Eiswürfel (optional)	**I** vermengen.
	T
Cheese-Creme	**U** ... Die gefrorenen Früchte oder Beeren mit Eistee im Mixer zerkleinern.
100 ml gesüßte Kondensmilch	**N** ... Eiswürfel nach Belieben in ein Glas geben, den Tee-Slushie dazugießen
100 g Frischkäse	**G** und die Cheese-Creme darauf geben.
200 g flüssige Schlagsahne	... Es ist natürlich auch lecker, Eistee ohne Früchte (aber dafür mit ein paar
1 EL Zucker	Bobaperlen) mit einem Löffel Cheese-Creme zu verfeinern.
1 TL Salz	

FAKTEN

Obwohl China die fantastischsten Tees der Welt anbaut, verwendet man in Tee-Drinks wegen seines starken malzigen Geschmacks oft Ceylontee. Ein feiner grüner Tee oder ein teurer Oolong würde ganz einfach zwischen all den Bobas und Cheese-Cremes verschwinden. Manchmal verwendet man schwarzen Tee auch aus historischen Gründen. Die Hongkong-Spezialitäten Milk Tea und Lemon Tea sind wunderbare Promenadenmischungen von English Breakfast Tea, die von der Kolonialgeschichte zeugen.

Register

Dank an

Lennart, für all die fantastischen Bilder, und entschuldige,
dass dein Studio meinetwegen nach Chiliöl gerochen hat.
Lone, dafür dass du Hotpot und Baozi genauso passioniert liebst wie ich.
Dixie und Sue, für eure Bobateeexpertise und euren tadellosen Musikgeschmack.
Ivan, weil du meine Probekochereien aushältst, obwohl du lieber Pasta isst.
Maria, weil du durch dein Wissen, deine Leidenschaft und dein Engagement
eigentlich als Co-Autorin in diesem Buch stehen müsstest (ein Angebot, das
du jedoch wie üblich ausgeschlagen hast).

Impressum

Verantwortlich: Britta Bettendorf
Übersetzung aus dem Schwedischen: Julia Gschwilm
Produktmanagement, Redaktion und Layout: Silke Schüler
Korrektorat: Susanne Langer-Joffroy
Umschlaggestaltung: Regina Degenkolbe
Repro: LUDWIG:media
Herstellung: Anna Katavic

Printed in Slovakia by Neografia

Rezepte, Texte, Fotografie & Layout: Jonas Cramby
Foodfotografie: Lennart Weibull

Alle Angaben dieses Werkes wurden vom Autor sorgfältig
recherchiert und auf den neuesten Stand gebracht sowie
vom Verlag geprüft. Für die Richtigkeit der Angaben kann
jedoch keine Haftung übernommen werden, weshalb
die Nutzung auf eigene Gefahr erfolgt. Sollte dieses Werk
Links auf Webseiten Dritter enthalten, so machen wir
uns die Inhalte nicht zu eigen und übernehmen für die
Inhalte keine Haftung.

In diesem Buch wird aus Gründen der besseren
Lesbarkeit das generische Maskulinum verwendet.
Weibliche und anderweitige Geschlechteridentitäten
werden dabei ausdrücklich mitgemeint, soweit es
für die Aussage erforderlich ist.

Die Deutsche Nationalbibliothek verzeichnet diese
Publikation in der Deutschen Nationalbibliografie;
detaillierte bibliografische Daten sind im Internet über
http://dnb.d-nb.de abrufbar.

**Sind Sie mit diesem Titel zufrieden? Dann würden
wir uns über Ihre Weiterempfehlung freuen.**
Erzählen Sie es im Freundeskreis, berichten Sie Ihrem
Buchhändler, oder bewerten Sie bei Onlinekauf. Und
wenn Sie Kritik, Korrekturen, Aktualisierungen haben,
freuen wir uns über Ihre Nachricht an Christian
Verlag, Postfach 40 02 09, D-08702 München oder
per E-Mail an lektorat@verlagshaus.de

Unser Verlagsprogramm finden Sie unter

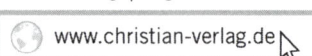

Titel der schwedischen Originalausgabe:
Vegetarisk kinamat varje dag

Die deutschsprachige Übersetzung wird von der Christian
Verlag GmbH aufgrund Lizenzvereinbarung mit dem
schwedischen Verlag Natur & Kultur veröffentlicht.

ISBN 978-3-95961-577-8